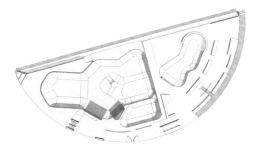

Editorial project / Projet éditorial / Proyecto editorial:
2023 © booq publishing, S.L.
c/ Domènech, 7-9, 2º 1ª
08012 Barcelona, Spain
T: +34 93 268 80 88
www.booqpublishing.com

ISBN: 978-84-9936-645-6 (EN)
ISBN: 978-84-9936-635-7 (ES)

© 2023 – Éditions Place des Victoires
6, rue du Mail – 75002 Paris
www.victoires.com
ISBN : 978-2-8099-2023-9
Dépôt légal : 4e trimestre 2023

Editorial coordinator / Coordination éditoriale / Coordinación editorial:
Claudia Martínez Alonso

Art director / Direction artistique / Dirección artística:
Mireia Casanovas Soley

Editor and layout / Édition et mise en page / Edición y maquetación:
David Andreu Bach

Layout / Mise en page / Maquetación:
David Andreu Bach, Cristina Simó

Translation / Traduction / Traducción:
© booq publishing, S.L.

Printing in Spain / Imprimé en Espagne / Impreso en España

booq affirms that it possesses all the necessary rights for the publication of this material and has duly paid all royalties related to the authors' and photographers' rights. booq also affirms that is has violated no property rights and has respected common law, all authors' rights and other rights that could be relevant. Finally, booq affirms that this book contains neither obscene nor slanderous material. The total or partial reproduction of this book without the authorization of the publishers violates the two rights reserved; any use must be requested in advance. In some cases it might have been impossible to locate copyright owners of the images published in this book. Please contact the publisher if you are the copyright owner in such a case.

booq affirme qu'il possède tous les droits nécessaires à la publication de ce matériel et qu'il a dûment payé toutes les redevances liées aux droits des auteurs et des photographes. booq affirme également qu'il n'a violé aucun droit de propriété et qu'il a respecté le droit commun, tous les droits des auteurs et les autres droits qui pourraient être pertinents. Enfin, booq affirme que ce livre ne contient aucun élément obscène ou diffamatoire. La reproduction totale ou partielle de ce livre sans l'autorisation des éditeurs viole les deux droits réservés ; toute utilisation doit faire l'objet d'une demande préalable. Dans certains cas, il a été impossible de localiser les détenteurs des droits d'auteur des images publiées dans ce livre. Dans ce cas, veuillez contacter l'éditeur si vous êtes le propriétaire des droits d'auteur.

booq afirma que posee todos los derechos necesarios para la publicación de este material y que ha pagado debidamente todos los derechos de autor y fotográficos. booq también afirma que no ha violado ningún derecho de propiedad y que ha respetado el derecho consuetudinario, todos los derechos de autor y cualquier otro derecho que pueda ser pertinente. Por último, booq afirma que este libro no contiene ningún material obsceno o difamatorio. La reproducción total o parcial de este libro sin el permiso de los editores viola ambos derechos reservados; cualquier uso debe estar sujeto a solicitud previa. En algunos casos, no ha sido posible localizar a los titulares de los derechos de autor de las imágenes publicadas en este libro. En tales casos, póngase en contacto con el editor si es usted el titular de los derechos de autor.

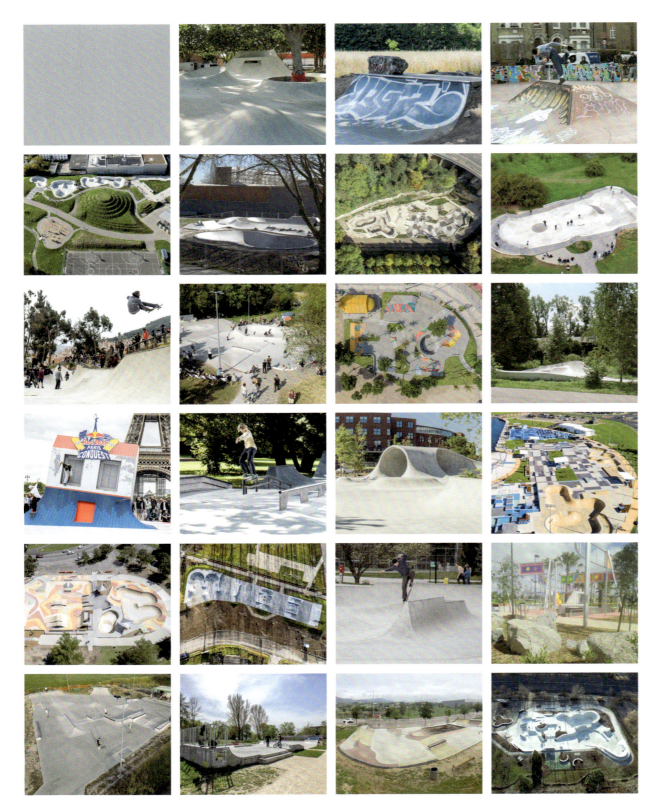

- 5 INTRODUCTION
- 6 AIRLINE SKATEPARKS
- 18 ANTIDOTE SKATEPARKS SCOP ARL
- 30 BETONGPARK
- 44 BETONLANDSCHAFTEN / SKATE-AID
- 60 CONCRETE FLOW SKATEPARKS
- 70 CONSTRUCTO SKATEPARK ARCHITECTURE
- 84 CTRL+Z SKATEPARKS AND LANDSCAPE DESIGN
- 94 ENDBOSS
- 106 GOODCRETE
- 118 HENRY TEIXEIRA ARQUITETURA
- 128 INOUT CONCEPT
- 140 LA FABRIQUE SKATEPARK
- 150 LANDSKATE PLANUNGSBÜRO FÜR SKATEPARKS
- 164 NINE YARDS SKATEPARK CO.
- 176 PLAYCE
- 188 RICH LANDSCAPES
- 202 TECHRAMPS PROFESSIONAL SKATEPARKS
- 216 TRANSITION CONSTRUCTION
- 228 TRINITY SKATEPARKS
- 238 UAOSKATEPARKS
- 246 URBANUM–DESIGN SKATEPARK DESIGN & ARCHITEKTUR
- 258 VULCANO SKATEPARKS
- 268 YAMATO LIVING RAMPS

URBAN SPORTS PARK
LANDSKATE PLANUNGSBÜRO FÜR SKATEPARKS
© Leo Preisinger

The first skateparks were built in the early 80s. Since then, thanks to skaters who started skating in swimming pools and then building their own DIY skateparks, the skatepark industry has not stopped growing and is increasingly at the forefront of architecture.

Skateparks (mostly public constructions) are spaces of interaction between urban culture and outdoor sports, identified by their artistic shape. They are mainly composed of concrete and iron in their finishing and earth and wood during their creation process.

This book collects photographs, project plans, and more graphic documentation from architects and builders who express their vision of skateboarding in artistic and spectacular constructions around the world.

Vulcano Skateparks is one of these firms, mostly staffed by skaters, who design and build skateparks throughout Europe and have been able to make their greatest passion their way of life.

Die ersten Skateparks wurden zu Beginn der 80er Jahre gebaut. Seitdem hat die Skatepark-Industrie dank der Skater, die zuerst in Schwimmbädern skaten und dann ihre eigenen Skateparks im DIY-Stil bauen, stetig an Bedeutung gewonnen und ist immer mehr an der Spitze der Architektur.

Skateparks (meist öffentliche Bauwerke) sind Räume der Interaktion zwischen der städtischen Kultur und Outdoor-Sport, die sich durch ihre künstlerische Form auszeichnen. Sie bestehen hauptsächlich aus Beton und Eisen für ihre Endbearbeitung und aus Erde und Holz während des Erstellungsprozesses.

Dieses Buch enthält Fotos, Projektzeichnungen und weitere grafische Dokumentationen von Architekten und Bauherren, die ihre Vision von Skateboarden in künstlerischen und spektakulären Konstruktionen auf der ganzen Welt zum Ausdruck bringen.

Vulcano Skateparks ist eines dieser Unternehmen, in dem vor allem Skater arbeiten und Skateparks in ganz Europa entwerfen und bauen konnten, und ihre größte Leidenschaft zu ihrem Lebensstil gemacht haben.

Les premiers *skateparks* ont été construits au début des années 80. Depuis lors, grâce aux *skateurs* qui ont commencé à patiner dans des piscines, puis à construire leurs propres *skateparks* DIY, l'industrie des *skateparks* n'a cessé de croître et est de plus en plus à la pointe de l'architecture.

Les *skateparks* (pour la plupart des constructions publiques) sont des espaces d'interaction entre la culture urbaine et le sport en plein air, identifiés par leur forme artistique. Ils sont principalement composés de béton et de fer pour leur finition et de terre et de bois pendant leur processus de création.

Ce livre rassemble des photographies, des plans de projets et plus de documentation graphique d'architectes et de constructeurs qui expriment leur vision du *skateboard* dans des constructions artistiques et spectaculaires dans le monde entier.

Vulcano *Skateparks* est l'une de ces entreprises, principalement composée de *skateurs*, qui conçoit et construit des *skateparks* dans toute l'Europe et a pu faire de sa plus grande passion son mode de vie.

Los primeros *skateparks* se realizaron a principio de la década de los 80. Desde entonces, gracias a los *skaters* que empezaron patinado en piscinas y luego construyendo sus propios *skateparks* DIY, la industria de los *skateparks* no ha parado de crecer y está cada vez más a la vanguardia de la arquitectura.

Los *skateparks* (en su mayoría construcciones públicas) son espacios de interacción entre la cultura urbana y el deporte al aire libre que se identifican por su forma artística. Se componen principalmente de hormigón y hierro en su acabado y de tierra y madera durante su proceso de creación.

Este libro recoge fotografías, planos de proyectos y más documentación gráfica de arquitectos y constructores que expresan su visión del *skate* en construcciones artísticas y espectaculares por todo el mundo.

Vulcano Skateparks es una de estas firmas, en la que trabajan *skaters* en su mayoría y que diseñan y construyen *skateparks* por toda europa y han podido hacer de su mayor pasión su forma de vida.

Luka Melloni
Skater, Industrial Engineer,
CEO & Founder of Vulcano Skateparks

AIRLINE SKATEPARKS

JULIEN GUILLON
Cofounder of Airline Skateparks

AYMERIC MICHIELS
Cofounder of Airline Skateparks

www.airlineskateparks.com

Founded in 2021 by Julien Guillon & Aymeric Michiels, skateboarder and BMX rider since day one, Airline Skateparks quickly became a reference in the business in France.
Pushed by their passion, and the lack of spots, they started building their own things a while ago. And now, just a few years later, they are building top notch quality skateparks all around the country, often adding their signature with their own pool coping under Julien's nickname, "Sanglier".
They bought their own pump, and completed their strong team of passionated riders, like Enzo, Nachos, Timi, Féfé with even more DIY freaks, so now they are really unstoppable.
With a company like this, France will become the new Oregon soon, and we can't wait to try their new creations !

Jeremy Durand

Airline Skateparks wurde 2021 von Julien Guillon & Aymeric Michiels, Skateboarder und BMX-Fahrer der ersten Stunde, gegründet und entwickelte sich schnell zu einer Referenz in der Branche in Frankreich.
Angetrieben von ihrer Leidenschaft und dem Mangel an Spots, begannen sie vor einiger Zeit mit dem Bau eigener Projekte. Und jetzt, nur ein paar Jahre später, bauen sie überall im Land Skateparks von höchster Qualität und fügen oft ihre eigene Handschrift hinzu, mit ihrem eigenen Basepool unter Juliens Spitznamen „Sanglier".
Sie haben ihre eigene Bombe gekauft und ihr starkes Team aus leidenschaftlichen Fahrern wie Enzo, Nachos, Timi, Féfé und weiteren DIY-Freaks vervollständigt, so dass sie nun wirklich nicht mehr zu stoppen sind.
Mit einem Unternehmen wie diesem wird Frankreich bald das neue Oregon werden, und wir können es kaum erwarten, ihre neuen Kreationen auszuprobieren!

Jeremy Durand

Fondé en 2021 par Julien Guillon et Aymeric Michiels, *skaters* et BMX *riders* depuis toujours, Airline Skateparks est rapidement devenu une référence dans le milieu en France. Poussés par leur passion, et par le manque de *spots*, ils ont commencé à construire leurs propres projets il y a quelques temps. Aujourd'hui, quelques années plus tard, ils construisent des *skateparks* de grande qualité dans tout le pays, ajoutant souvent leur signature avec leur propre base pool sous le pseudo de Julien, « Sanglier ».
Ils ont acheté leur propre bombe, et ont complété leur équipe de *riders* passionnés, comme Enzo, Nachos, Timi, Féfé et d'autres bricoleurs, de sorte qu'ils sont désormais inarrêtables.
Avec une telle entreprise, la France va bientôt devenir le nouvel Oregon, et nous sommes impatients d'essayer leurs nouvelles créations !

Jeremy Durand

Fundada en 2021 por Julien Guillon & Aymeric Michiels, *skater* y *rider* de BMX desde el primer día, Airline Skateparks se convirtió rápidamente en una referencia en el negocio en Francia.
Empujados por su pasión, y por la falta de *spots*, empezaron a construir sus propios proyectos hace un tiempo. Y ahora, sólo unos años más tarde, están construyendo *skateparks* de primera calidad en todo el país, a menudo añadiendo su firma con su propia piscina de base bajo el apodo de Julien, «Sanglier».
Compraron su propia bomba, y completaron su fuerte equipo de *riders* apasionados, como Enzo, Nachos, Timi, Féfé y más freaks del DIY, por lo que ahora son realmente imparables.
Con una empresa como esta, Francia se convertirá pronto en el nuevo Oregon, ¡y estamos impacientes por probar sus nuevas creaciones!

Jeremy Durand

NÎMES SKATEPARK

BOURG SAINT MAURICE SKATEPARK

NÎMES SKATEPARK

Client
City of Nîmes

Structural Engineer
Constructo Skateparks

Building Companies
Airline Skateparks, Vulcano Skateparks

Area
1,520 m²

Year
2022

Photos
© Airline Skateparks

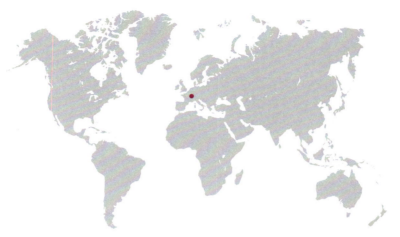

The construction of the Nîmes flowpark took place in March, April and May 2022 in partnership with Vulcano Skatepark. It is an extension of the existing park, with a surface area of 1,520 m².
Design by Constructo Skatepark.
The flowpark, with its organic forms, includes the construction of a clubhouse, with openings to the outside, a power supply and a water supply. The sloping exterior of the room is an integral part of the project.
We also built a loop, an original feature found in very few municipal skateparks in Europe.

Der Bau des Flowparks in Nîmes fand im März, April und Mai 2022 in Zusammenarbeit mit dem Vulcano Skatepark statt. Es handelt sich um eine Erweiterung des bestehenden Parks, mit einer Fläche von 1.520 m².
Der Entwurf stammt von Constructo Skatepark.
Der Flowpark mit seinen organischen Formen umfasst den Bau eines Clubhauses mit Öffnungen nach außen, einen Stromanschluss und eine Wasserversorgung. Die schräge Außenseite des Geländes ist ein wesentlicher Bestandteil des Projekts.
Wir haben auch einen Looping gebaut, eine Besonderheit, die nur in wenigen kommunalen Skateparks in Europa zu finden ist.

La construction du *flowpark* de Nîmes c'est déroulée en mars, avril, mai 2022 en collaboration avec Vulcano Skatepark. Il s'agit de l'extension du *skatepark* existant d'une superficie de 1520 m².
Design par Constructo Skatepark.
Le *flowpark* aux formes organiques intègre la construction d'un local associatif, comprenant des ouvertures sur l'extérieur, une arrivée électrique et une arrivée d'eau. Une face extérieure du local en plan incliné fait partie intégrante du *skatepark*.
Nous avons aussi construit un *loop*, une pièce originale que l'on retrouve dans très peu de *skatepark* municipaux en Europe.

La construcción del *flowpark* de Nimes tuvo lugar en marzo, abril y mayo de 2022 en colaboración con Vulcano Skatepark. Se trata de una ampliación del parque existente, con una superficie de 1.520 m².
Diseño de Constructo Skatepark.
El flowpark, con sus formas orgánicas, incluye la construcción de una sala club, con aberturas al exterior, un suministro eléctrico y un suministro de agua. El exterior inclinado del local forma parte integrante del proyecto.
También construimos un bucle, una característica original que se encuentra en muy pocos *skateparks* municipales de Europa.

Renders

Site plan

BOURG SAINT MAURICE

Client
Bourg Saint Maurice

Structural Engineer
Inout Concept

Building Company
Airline Skateparks

Area
915 m²

Year
2022

Photos
© Airline Skateparks

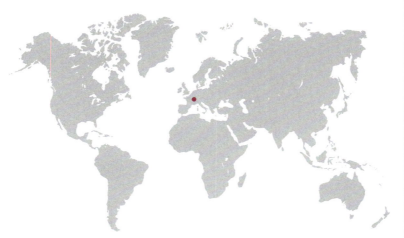

The construction lasted three months, from September to November 2022.
The skatepark has a surface of 915 m² designed by INOUT Concept and includes a street part and a bowl part with different elements.
Street part: Rainbow rail, slappy, ledges, rails, rail with kink, frame, euro-gap, inclined plane, quarter...
Bowl zone: waterfall, pyramid, speed bump, pool crowning, cue extension, bank extension, wave extension, etc.
Two mosaics were created behind the extensions and one under the pool copings.
Part of the proceeds from this project were donated to the NGO Wonders Around the World for the construction of Pakistan's first skatepark.

Die Bauarbeiten dauerten 3 Monate, von September bis November 2022.
Der Skatepark hat eine Fläche von 915 m², die von INOUT Concept entworfen wurde, und besteht aus einem Street-Teil und einem Bowl-Teil mit verschiedenen Elementen.
Street-Teil: Rainbow-Rail, Slappy, Ledges, Rails, Rail mit Knick, Frame, Euro-Gap, Schiefe Ebene, Quarter...
Bowl-Bereich: Wasserfall, Pyramide, Speed Bump, Poolkrone, Queue-Erweiterung, Bank-Erweiterung, Wellen-Erweiterung, etc.
Zwei Mosaike wurden hinter den Erweiterungen und eines unter den Beckenabdeckungen angebracht.
Ein Teil des Gewinns aus diesem Projekt wurde an die NRO Wonders Around the World für den Bau des ersten Skateparks in Pakistan gespendet.

La construction a duré 3 mois en septembre, octobre, novembre 2022.
La superficie du *skatepark* est de 915 m² design par INOUT Concept. Le skatepark comprend une partie *street* et une partie *bowl* avec différents éléments.
Street part: *Rainbow rail*, *slappy*, *ledges*, *rails*, *rail* avec *kink*, A *frame*, *euro-gap*, plan incliné, *quarter*...
Bowl: *waterfall*, *pyramide*, *speed bump*, *pool coping*, extension tacos, extension bank, extension en forme de vague...
Deux mosaïques ont été créées à l'arrière des extensions et une mosaïque sous les pool coping.
Une partie des bénéfices de ce projet a été donné à l'ONG Wonders Around the World pour la construction du premier *skatepark* du Pakistan.

La construcción duró 3 meses, de septiembre a noviembre de 2022.
El *skatepark* tiene una superficie de 915 m² diseñado por INOUT Concept e incluye una parte *street* y una parte *bowl* con diferentes elementos.
Parte *street*: *Rainbow rail*, *slappy*, *ledges*, *rails*, rail con *kink*, *frame*, *euro-gap*, plano inclinado, *quarter*...
Zona *Bowl*: cascada, pirámide, badén, coronación de piscina, extensión de taco, extensión de banco, extensión de ola, etc.
Se crearon dos mosaicos detrás de las extensiones y uno debajo de los remates de la piscina.
Parte de los beneficios de este proyecto se donó a la ONG Wonders Around the World para la construcción del primer *skatepark* de Pakistán.

Site plan

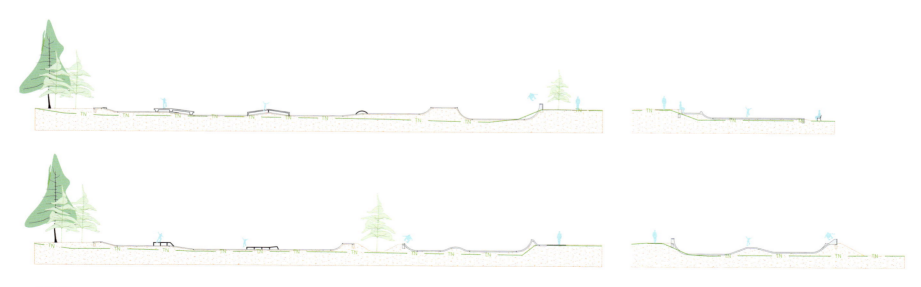

Sections

Renders

ANTIDOTE
SKATEPARKS SCOP ARL

ANTIDOTE TEAM
© Benjamin Meunier

www.antidoteskateparks.fr

Antidote Skateparks SCOP ARL, created in 2018, was born from the merger of the companies Sports des Villes and Doctor Skatepark, with the aim of creating a versatile team, able to meet the demand for the creation of skateparks in design and construction, in France and Belgium.

Since March 2018, Antidote Skateparks has completed numerous projects in AMO, MOE, design/build and construction. These projects are in addition to the numerous achievements of Sports des Villes (AMO, MOE) and Doctor Skatepark (design and construction of skateparks in Europe and South America).

Antidote Skateparks is an employee cooperative that develops both technical and artisanal know-how, reflecting the passions that drive all the team members: the practice of urban board sports, collaborative work and "Do It Yourself".

Das 2018 gegründete Unternehmen Antidote Skateparks SCOP ARL entstand aus dem Zusammenschluss der Unternehmen Sports des Villes und Doctor Skatepark mit dem Ziel, ein vielseitiges Team zu bilden, das in der Lage ist, die Nachfrage nach der Errichtung von Skateparks in Frankreich und Belgien zu erfüllen.

Seit März 2018 hat Antidote Skateparks zahlreiche Projekte in den Bereichen AMO, MOE, Design/Build und Konstruktion abgeschlossen. Diese Projekte kommen zu den zahlreichen Leistungen von Sports des Villes (AMO, MOE) und Doctor Skatepark (Design und Bau von Skateparks in Europa und Südamerika) hinzu.

Antidote Skateparks ist eine Mitarbeiter-Kooperative, die sowohl technisches als auch handwerkliches Know-how entwickelt und die Leidenschaften widerspiegelt, die alle Teammitglieder antreiben: die Ausübung des urbanen Boardsports, die gemeinschaftliche Arbeit und das „Do It Yourself".

ANTIDOTE SKATEPARKS SCOP ARL, créée en 2018, est née de la fusion des entreprises Sports des Villes et Doctor Skatepark, avec pour objectif la création d'une équipe polyvalente, capable de répondre à la demande de création de *skateparks* en conception et en construction, en France et en Belgique.

Depuis mars 2018, Antidote Skateparks a réalisé de nombreux projets en AMO, MOE, conception/construction et construction. Ces projets s'ajoutent aux nombreuses réalisations de Sports des Villes (AMO, MOE) et de Doctor Skatepark (conception et construction de *skateparks* en Europe et en Amérique du Sud).

Antidote Skateparks est une coopérative d'employés qui développe à la fois un travail d'expertise technique et d'artisanat, reflet des passions qui animent l'ensemble des membres de l'équipe : la pratique des sports de glisse urbains, le travail collaboratif et le « Do It Yourself ».

Antidote Skateparks SCOP ARL, creada en 2018, nace de la fusión de las empresas Sports des Villes y Doctor Skatepark, con el objetivo de crear un equipo versátil, capaz de satisfacer la demanda de creación de *skateparks* en diseño y construcción, en Francia y Bélgica.

Desde marzo de 2018, Antidote Skateparks ha realizado numerosos proyectos en AMO, MOE, diseño/construcción y construcción. Estos proyectos se suman a los numerosos logros de Sports des Villes (AMO, MOE) y Doctor Skatepark (diseño y construcción de *skateparks* en Europa y Sudamérica).

Antidote Skateparks es una cooperativa de empleados que desarrolla tanto conocimientos técnicos como artesanales, reflejo de las pasiones que mueven a todos los miembros del equipo: la práctica de los deportes urbanos de tabla, el trabajo colaborativo y el «Do It Yourself».

LAMBERSART

BOULEVARD CHARONNE

VERSAILLES

LAMBERSART

Client
Ville de Lambersart

Structural Engineer
Antidote Skateparks

Building Company
Antidote Skateparks

Area
319 m²

Year
2019

Photos
© Thomas Busutil, Antidote Skateparks, Stéphanie Tétu

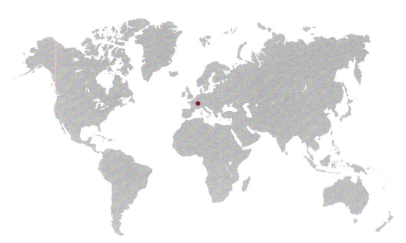

The design/realization projects are those that best fit our organization, which mixes office work with that of the site.
Lambersart is the first projects of this type that we have realized. It's a small skateparks, during which we have enjoyed great freedom of creation and adaptation.
We have provided in Lambersart a lot of landscape integration work in collaboration with Kevin Dupont. The shape has been aligned on the century-old trees, and we have integrated in the skatepark pebbles recovered in the commune, and walls made of Northern France style bricks. The town of Lambersart wanted this project to be part of the event «Lille Métropole 2020, World Capital of Design».
For the skatepark of Saint-André, our approach focused on the traffic within the skatepark, the breaking of forms in a straight ground, and the creation work on site.

Design-/Realisierungsprojekte eignen sich am besten für unsere Organisation, die Büro- und Baustellenarbeit miteinander verbindet. Lambersart ist das erste Projekt dieser Art, das wir durchgeführt haben. Es handelt sich um einen kleinen Skatepark, bei dem wir viel Freiheit bei der Gestaltung und Anpassung hatten.
Bei Lambersart haben wir in Zusammenarbeit mit Kevin Dupont viel mit der Landschaftsintegration gearbeitet. Die Form wurde an den jahrhundertealten Bäumen ausgerichtet, und wir haben Kieselsteine, die von der Gemeinde geborgen wurden, sowie niedrige Ziegelmauern aus dem Norden in den Skatepark integriert. Die Gemeinde Lambersart wollte dieses Projekt in den Rahmen von Lille Metropole 2020, der Welthauptstadt des Designs, aufnehmen.
Für den Skatepark Saint-André konzentrierte sich unser Ansatz auf die Zirkulation innerhalb des Parks, das Aufbrechen der Formen in einem geradlinigen Gelände und die kreative Arbeit vor Ort.

Les projets de conception/réalisation sont ceux qui cadrent au mieux avec notre organisation, qui mêle le travail de bureau avec celui du chantier.
Lambersart est le premier projet de ce type que nous avons réalisés. C'est un *skatepark* de petite taille, au cours desquels nous avons bénéficié d'une grande liberté de création et d'adaptation.
Nous avons réalisé à Lambersart un important travail d'intégration paysagère, en collaboration avec Kevin Dupont. La forme a été alignée sur les arbres centenaires, et nous avons intégré au *skatepark* des cailloux récupérés dans la commune, et des murets faits de briques du Nord. La commune de Lambersart souhaitait en effet inscrire ce projet dans le cadre de Lille Métropole 2020, Capitale Mondiale du Design.
Pour le *skatepark* de Saint-André, notre approche s'est axée sur la circulation au sein du *skatepark*, la rupture des formes dans un terrain rectiligne, et le travail de création sur chantier.

Los proyectos de diseño/realización son los que mejor se adaptan a nuestra organización, que mezcla el trabajo de oficina con el de obra.
Lambersart es el primer proyecto de este tipo que hemos realizado. Es un pequeño *skatepark* en el que tuvimos mucha libertad para crear y adaptar.
En Lambersart hicimos mucho trabajo de integración paisajística en colaboración con Kevin Dupont. La forma se alineó con los árboles centenarios e integramos en el *skatepark* guijarros recuperados en el municipio, así como muros bajos de ladrillos del Norte. El municipio de Lambersart quiso incluir este proyecto en el marco de Lille Metropole 2020, Capital Mundial del Diseño.
Para el *skatepark* de Saint-André, nuestro enfoque se centró en la circulación dentro del parque, la ruptura de las formas en un terreno rectilíneo y el trabajo creativo *in situ*.

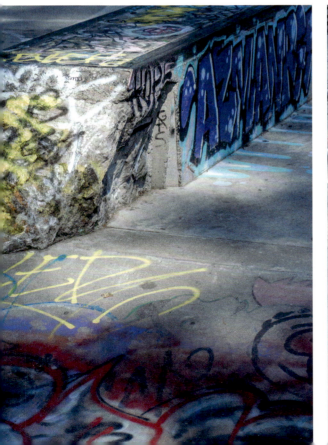

AVRON

Client
Ville de Paris

Structural Engineer
Idris Jani + Antidote Skateparks

Building Company
Antidote Skateparks

Area
245 m²

Year
2019

Photos
© Thomas Busutil

The Boulevard Charonne spot is one of too few examples of the integration of a skate spot in the city.
We collaborated with De Paris Yearbook and the Architect Idris Jani, resuming their work and proposing them some variations.
The project involved making small sliding elements on a site that resembles a public square. So we worked on the notion of passage (the place is part of the central promenade of the boulevard), our construction team bringing its know-how for a treatment in detail of these elements of urban furniture, creating a unique spot that has become one of the venues for skateboarding in Paris.

Der Standort Boulevard Charonne ist eines der wenigen Beispiele für die Integration von Skateparks in der Stadt.
Wir haben mit dem Pariser Jahrbuch und dem Architekten Idris Jani zusammengearbeitet und ihre Arbeit aufgegriffen und einige Variationen vorgeschlagen.
Das Projekt bestand darin, kleine Gleitelemente an einem Ort zu schaffen, der einem öffentlichen Platz ähnelt. Wir arbeiteten an der Idee der Passage (der Platz ist Teil der zentralen Boulevard-Promenade), unser Bauteam brachte sein Know-how für eine detaillierte Behandlung dieser Elemente der Stadtmöblierung ein und schuf einen einzigartigen Ort, der zu einem der Treffpunkte für Skateboarding in Paris geworden ist.

Le spot du boulevard Charonne est un des trop peu nombreux exemples d'intégration d'un spot de *skate* dans la ville.
Nous y avons collaboré avec De Paris Yearbook et l'architecte Idris Jani, reprenant leur travail et leur proposant quelques variations.
Le projet consistait à fabriquer des petits éléments de glisse sur un lieu qui ressemble à une place publique. Nous avons donc travaillé sur la notion de passage (le lieu fait partie de la promenade centrale du boulevard), notre équipe de chantier apportant son savoir-faire pour un traitement dans le détail de ces éléments de mobilier urbain, créant un spot unique devenu un des lieux de rendez-vous du *skateboard* à Paris.

El emplazamiento del bulevar Charonne es uno de los escasos ejemplos de integración de un *skatepark* en la ciudad.
Colaboramos con De Paris Yearbook y el arquitecto Idris Jani, tomando su trabajo y proponiendo algunas variaciones.
El proyecto consistía en realizar pequeños elementos deslizantes en un lugar que se asemeja a una plaza pública. Trabajamos sobre la noción de paso (el lugar forma parte del paseo central del bulevar), nuestro equipo de obra aportó su saber hacer para un tratamiento al detalle de estos elementos de mobiliario urbano, creando un lugar único que se convirtió en uno de los puntos de encuentro del *skate* en París.

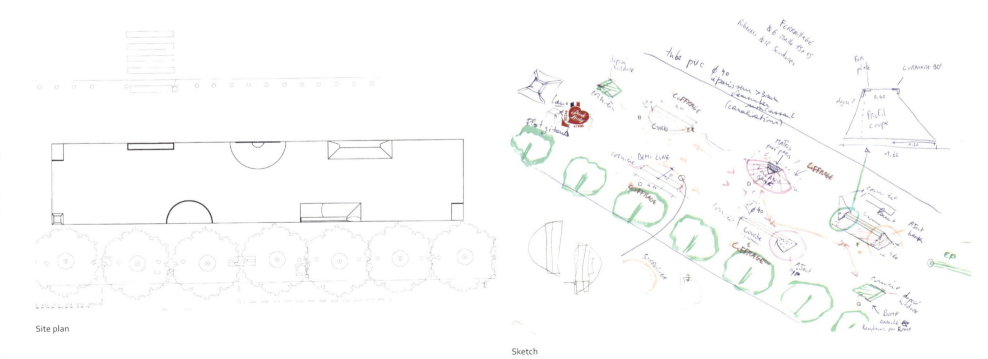

Site plan

Sketch

VERSAILLES

Client
City of Versailles

Structural Engineer
Antidote Skateparks

Building Company
Vulcano Skateparks

Area
1,100 m²

Year
2022

Photos
© Thomas Busutil

As part of the project management studies, our office is called upon for its technical, creative and collaborative skills. The skatepark of Versailles was a challenge for Antidote, to create a project that fits with the architecture of the place, the strong urban constraints linked to the historical and tourist character of the city, and the will of an aesthetically strong project. The location chosen by the city is a stone's throw from the prestigious Palace of Versailles. We worked with architect Nicolas Gilsoul on a project that was both discreet and daring. Discreet in its form and in its heights, so that the skatepark remains visible from the street, without exceeding the height of the hedges of Charmille; daring by the presence of a undulating floor, the gentle slopes, thanks to which elements of urban furniture seem to emerge gradually, and in the interplay between concrete, wooden terraces, grassy plantations.

Im Rahmen der Projektmanagementstudien wird unser Büro aufgrund seiner technischen, kreativen und beratenden Kompetenzen konsultiert. Der Skatepark von Versailles stellte eine Herausforderung für Antidote dar: die Schaffung eines Projekts, das sich der Architektur des Ortes anpasst, den starken städtebaulichen Beschränkungen im Zusammenhang mit dem historischen und touristischen Charakter der Stadt und dem Wunsch nach einem starken ästhetischen Projekt gerecht wird. Der von der Stadt gewählte Standort liegt nur wenige Schritte vom renommierten Schloss Versailles entfernt. Wir arbeiten mit dem Architekten Nicolas Gilsoul an einem Projekt, das sowohl diskret als auch kühn ist. Diskret in Form und Höhe, damit der Skatepark von der Straße aus sichtbar bleibt, ohne die Höhe der Hainbuchenhecken zu überschreiten; kühn in der Präsenz eines hügeligen Geländes mit sanften Hängen, dank derer die städtischen Möbelstücke allmählich emporzuwachsen scheinen, und im Zusammenspiel von Beton, Holzterrassen und Rasenpflanzungen.

Dans le cadre des études de maîtrise d'œuvre, notre bureau est sollicité pour ses compétences techniques, créatives et de concertation. Le *skatepark* de Versailles a constitué un défi pour Antidote, celui de créer un projet qui cadre avec l'architecture du lieu, les contraintes urbanistiques fortes liées au caractère historique et touristique de la ville, et la volonté d'un projet esthétiquement fort. Le lieu choisi par la ville est à deux pas du prestigieux Château de Versailles. Nous avons travaillé avec l'architecte Nicolas Gilsoul sur un projet à la fois discret et audacieux. Discret dans sa forme et dans ses hauteurs, de manière à ce que le *skatepark* reste visible depuis la rue, sans dépasser la hauteur des haies de Charmille ; audacieux par la présence d'un sol ondulé, aux pentes douces, grâce auxquelles les éléments de mobilier urbain semblent émerger progressivement, et dans le jeu entre le béton, les terrasses en bois, les plantations herbeuses.

En el marco de los estudios de gestión de proyectos, se recurre a nuestra oficina por sus competencias técnicas, creativas y de asesoramiento. El *skatepark* de Versalles constituía un reto para Antidote: crear un proyecto que se adaptara a la arquitectura del lugar, a las fuertes limitaciones urbanísticas ligadas al carácter histórico y turístico de la ciudad, y al deseo de un proyecto estético fuerte. El emplazamiento elegido por la ciudad está a dos pasos del prestigioso castillo de Versalles. Trabajamos con el arquitecto Nicolas Gilsoul en un proyecto a la vez discreto y audaz. Discreto en su forma y altura, para que el *skatepark* siga siendo visible desde la calle, sin sobrepasar la altura de los setos de Charmille; atrevido en la presencia de un terreno ondulado, con suaves pendientes, gracias a las cuales los elementos de mobiliario urbano parecen emerger progresivamente, y en el juego entre el hormigón, las terrazas de madera y las plantaciones de césped.

BETONGPARK

DARYL NOBBS
Co-Founder

KASPER HELLE
Co-Founder

ØYVIND HAMMER
Co-Founder

www.betongpark.no

Since 2012 Betongpark has worked passionately to design and construct unique spaces for skateboarding and urban activities. Founded originally in Oslo, Norway, before establishing a second office in London, England, Betongpark takes experiences gained working in some of the harshest climates in the world and apply them to every build.

The key to their success: deep roots in the skateboarding community. From the team in the office to the crew on site, Betongpark are skater ran, operated and built. As lifelong riders, the team cherish and understand these unique environments, not merely as sporting arenas but as a meeting place for subcultures to thrive.

Beyond your typical skateparks, Betongpark also work with councils, architects and private clients to build bespoke sculptures and skateable landscapes that push the boundaries of skatepark design.

Seit 2012 arbeitet Betongpark mit Leidenschaft daran, einzigartige Räume für Skateboarding und urbane Aktivitäten zu entwerfen und zu bauen. Ursprünglich in Oslo, Norwegen, gegründet, bevor sie ein zweites Büro in London, England, eröffneten, nutzt Betongpark die Erfahrungen, die sie bei der Arbeit in einigen der härtesten Klimazonen der Welt gesammelt haben, und wendet sie bei jedem Bau an.

Der Schlüssel zum Erfolg: die tiefe Verwurzelung in der Skateboarding-Community. Vom Büroteam bis zum Baustellenteam wird Betongpark von Skateboardern geleitet, verwaltet und gebaut. So entsteht ein Team, das diese einzigartigen Umgebungen nicht nur als Sportarenen, sondern auch als Treffpunkt für das Gedeihen von Subkulturen schätzt und versteht.

Neben den typischen Skateparks arbeitet Betongpark auch mit Gemeinden, Architekten und privaten Kunden zusammen, um maßgeschneiderte Skulpturen und Skatescapes zu bauen, die die Grenzen des Skateparkdesigns sprengen.

Depuis 2012, Betongpark travaille avec passion à la conception et à la construction d'espaces uniques pour le *skateboard* et les activités urbaines. Fondé à l'origine à Oslo, en Norvège, avant d'établir un second bureau à Londres, en Angleterre, Betongpark tire parti de l'expérience acquise en travaillant dans certains des climats les plus rudes du monde et l'applique à chaque construction.

La clé de leur succès : leurs racines profondes dans la communauté des *skateurs*. De l'équipe de bureau à l'équipe sur place, Betongpark est dirigé, géré et construit par des *skateurs*, formant une équipe qui apprécie et comprend ces environnements uniques, non seulement en tant qu'arènes sportives, mais aussi en tant que lieu de rencontre où les sous-cultures peuvent s'épanouir.

Au-delà des *skateparks* typiques, Betongpark travaille également avec des municipalités, des architectes et des clients privés pour construire des sculptures et des *skate scapes* sur mesure qui repoussent les limites de la conception des *skateparks*.

Desde 2012 Betongpark ha trabajado con pasión para diseñar y construir espacios únicos para el *skate* y las actividades urbanas. Fundada originalmente en Oslo, Noruega, antes de establecer una segunda oficina en Londres, Inglaterra, Betongpark toma las experiencias adquiridas trabajando en algunos de los climas más duros del mundo y las aplica a cada construcción.

La clave de su éxito: sus profundas raíces en la comunidad del monopatín. Desde el equipo de la oficina hasta el de la obra, Betongpark está dirigido, gestionado y construido por *skaters*, formando un equipo que aprecia y entiende estos entornos únicos, no sólo como estadios deportivos, sino como lugar de encuentro para que prosperen las subculturas.

Más allá de los típicos *skateparks*, Betongpark también trabaja con ayuntamientos, arquitectos y clientes privados para construir esculturas a medida y paisajes patinables que amplían los límites del diseño de *skateparks*.

STOCKWELL

JORDAL

SUSSEX STREET

STOCKWELL

Client
London Borough of Lambeth

Structural Engineer
Bedir Bekar

Building Company
Betongpark

Area
1,473 m²

Year
2022

Photos
© Izrael Appiah, Young Creators UK, Betongpark

Built in 1978 by legendary park builder Lorne Edwards, Stockwell's undulating features have been a staple of the London skate scene for generations. To retain its form and reduce emissions, the community decided to restore the eroded park using a variety of methods depending on the concrete quality, rather than demolish it entirely. Concrete was poured over the slab in the snake run while other areas were broken out and replaced with densified concrete, using specialist hardener and sealant. More recent areas of the park built in 2008 were polished and repaired to give a smooth finish. Having spent years skating Stockwell, the design team were able to confidently suggest how new features could be seamlessly integrated and add to the overall flow of the space. Harking back to colored concrete poured in 1997, a 'Stanton Red' pigment was used to provide color and identity to the space.

Der 1978 vom legendären Parkbauer Lorne Edwards errichtete Stockwell ist mit seinen wellenförmigen Elementen seit Generationen ein fester Bestandteil der Londoner Skateszene. Um seine Form zu erhalten und die Emissionen zu reduzieren, beschloss die Gemeinde, den erodierten Park mit verschiedenen Methoden, die von der Qualität des Betons abhängen, zu restaurieren, anstatt ihn komplett abzureißen. Die Platte der Serpentinenbahn wurde mit Beton übergossen, während andere Bereiche aufgebrochen und durch verdichteten Beton ersetzt wurden, wobei spezielle Härter und Dichtungsmittel verwendet wurden. Die neueren Bereiche des 2008 errichteten Parks wurden poliert und ausgebessert, um ihnen eine glatte Oberfläche zu verleihen. Da das Designteam jahrelang in Stockwell geskatet ist, konnte es selbstbewusst vorschlagen, wie sich die neuen Elemente nahtlos einfügen und den Platz insgesamt flüssiger gestalten lassen. In Anlehnung an den 1997 gegossenen farbigen Beton wurde ein „Stanton Red"-Pigment verwendet, um dem Raum Farbe und Identität zu verleihen.

Construit en 1978 par le légendaire constructeur de parcs Lorne Edwards, les caractéristiques ondulantes de Stockwell sont un élément essentiel de la scène *skate* londonienne depuis des générations. Pour préserver sa forme et réduire les émissions, la communauté a décidé de restaurer le parc érodé en utilisant diverses méthodes en fonction de la qualité du béton, plutôt que de le démolir complètement. Le béton a été coulé sur la dalle de la piste en serpentin, tandis que d'autres zones ont été cassées et remplacées par du béton densifié, à l'aide d'un durcisseur et d'un produit d'étanchéité spécialisés. Les zones les plus récentes du parc, construites en 2008, ont été polies et réparées pour leur donner une finition lisse. Ayant passé des années à patiner à Stockwell, l'équipe de conception a pu suggérer en toute confiance comment intégrer de manière transparente les nouveaux éléments et ajouter à la fluidité générale de l'espace. Rappelant le béton coloré coulé en 1997, un pigment « Stanton Red » a été utilisé pour donner de la couleur et de l'identité à l'espace.

Construido en 1978 por el legendario constructor de parques Lorne Edwards, las características ondulantes de Stockwell han sido un elemento básico de la escena del *skate* londinense durante generaciones. Para conservar su forma y reducir las emisiones, la comunidad decidió restaurar el parque erosionado utilizando diversos métodos en función de la calidad del hormigón, en lugar de demolerlo por completo. Se vertió hormigón sobre la losa en la pista de la serpiente, mientras que otras zonas se rompieron y sustituyeron por hormigón densificado, utilizando endurecedor y sellador especializados. Las zonas más recientes del parque, construidas en 2008, se pulieron y repararon para darles un acabado liso. Tras haber pasado años patinando en Stockwell, el equipo de diseño pudo sugerir con confianza cómo integrar perfectamente los nuevos elementos y añadirlos a la fluidez general del espacio. Rememorando el hormigón coloreado vertido en 1997, se utilizó un pigmento «rojo Stanton» para dar color e identidad al espacio.

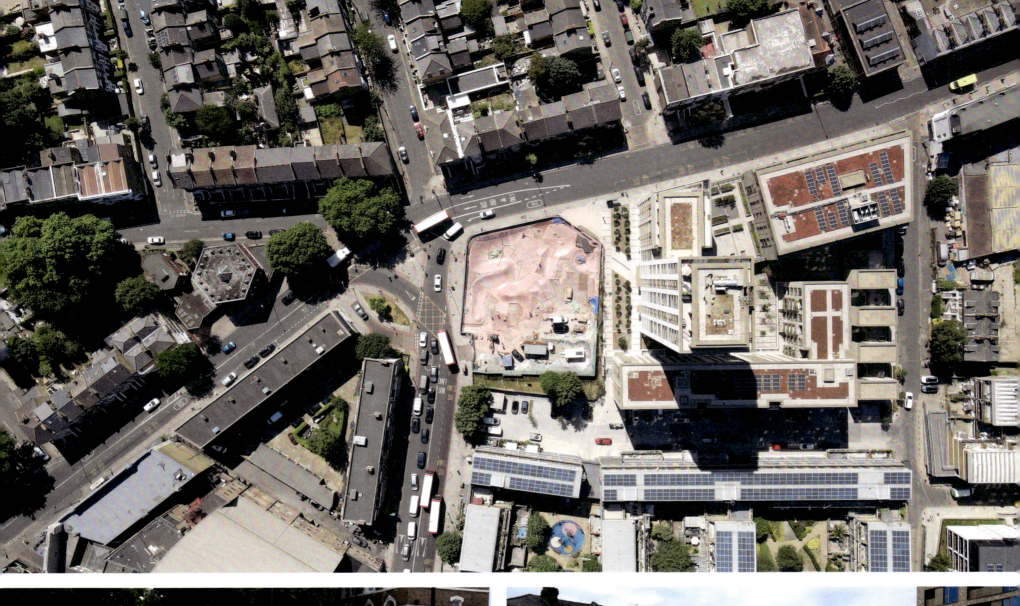

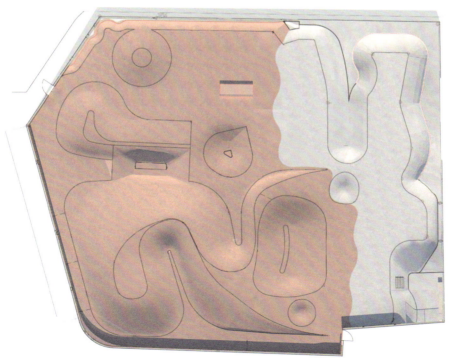
Site plan

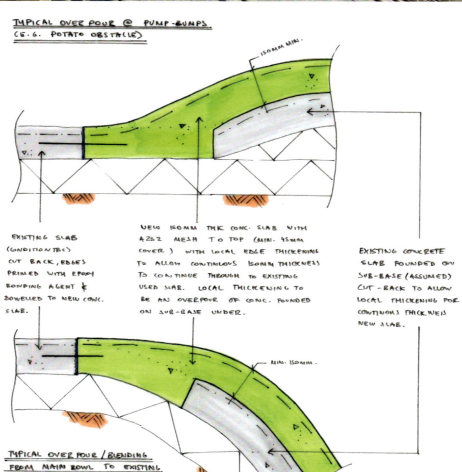

Construction detail

JORDAL

Client
Oslo Kommune

Structural Engineer
Betongpark

Building Company
Betongpark

Area
2,450 m²

Year
2022

Photos
© Alex Holm, Betongpark

Jordal skatepark has been an institution in Norwegian skateboarding for decades, with the first ramp appearing at the site in 1999, a decade since the Norwegian ban on skateboarding had been lifted.
The site saw various wooden ramps and layouts in its lifetime and after a long campaign, the crew were able to rejuvenate the area and create a world class concrete skatepark, as part of a wider scheme with landscape architects Grindaker AS.
The skatepark is Norway's third largest and features the country's only international level competition bowl, complete with bespoke Tedder Stone pool coping blocks imported from Oregon, USA.
Harsh Norwegian winters demanded construction techniques and specifications to stand up to the exhausting climate, showcasing the professionalism of the build crew and expertise of the design and engineering team.

Der Jordal-Skatepark ist seit Jahrzehnten eine Institution im norwegischen Skateboarding. Die erste Rampe entstand 1999 auf dem Gelände, ein Jahrzehnt nachdem das norwegische Skateboardverbot aufgehoben worden war.
Nach einer langen Kampagne gelang es dem Team, das Gelände zu verjüngen und einen Betonpark von Weltklasse zu schaffen, der Teil eines größeren Projekts mit dem Landschaftsarchitekten Grindaker AS ist.
Der Skatepark ist der drittgrößte in Norwegen und verfügt über die einzige Weltklasse-Wettkampfbahn des Landes, die aus Tedder-Steinblöcken besteht, die aus Oregon, USA, importiert wurden.
Die strengen norwegischen Winter verlangten, dass die Bautechniken und -spezifikationen den zermürbenden Witterungsbedingungen standhalten, was die Professionalität des Bauteams und die Kompetenz des Design- und Ingenieurteams unterstrich.

Le *skatepark* de Jordal est une institution du *skateboard* norvégien depuis des décennies. La première rampe est apparue sur le site en 1999, dix ans après la levée de l'interdiction du *skateboard* en Norvège.
Après une longue campagne, l'équipe a réussi à rajeunir la zone et à créer un parc en béton de classe mondiale, dans le cadre d'un projet plus vaste avec les architectes paysagistes Grindaker AS.
Le *skatepark* est le troisième plus grand de Norvège et comprend la seule piste de compétition de classe mondiale du pays, avec des blocs de pierre Tedder importés de l'Oregon, aux États-Unis.
Les hivers norvégiens rigoureux ont exigé que les techniques de construction et les spécifications résistent aux conditions météorologiques difficiles, ce qui a mis en évidence le professionnalisme de l'équipe de construction et l'expertise de l'équipe de conception et d'ingénierie.

El *skatepark* de Jordal ha sido una institución en el skateboarding noruego durante décadas. La primera rampa apareció en el lugar en 1999, una década después de que se levantara la prohibición del *skateboarding* en Noruega.
Tras una larga campaña, el equipo consiguió rejuvenecer la zona y crear un parque de hormigón de primera categoría, como parte de un proyecto más amplio con los arquitectos paisajistas Grindaker AS.
El *skatepark* es el tercero más grande de Noruega y cuenta con la única pista de competición de nivel internacional del país, con bloques de piedra Tedder importados de Oregón (EE UU).
Los duros inviernos noruegos exigieron que las técnicas de construcción y las especificaciones resistieran el agotador clima, lo que puso de manifiesto la profesionalidad del equipo de construcción y la experiencia del equipo de diseño e ingeniería.

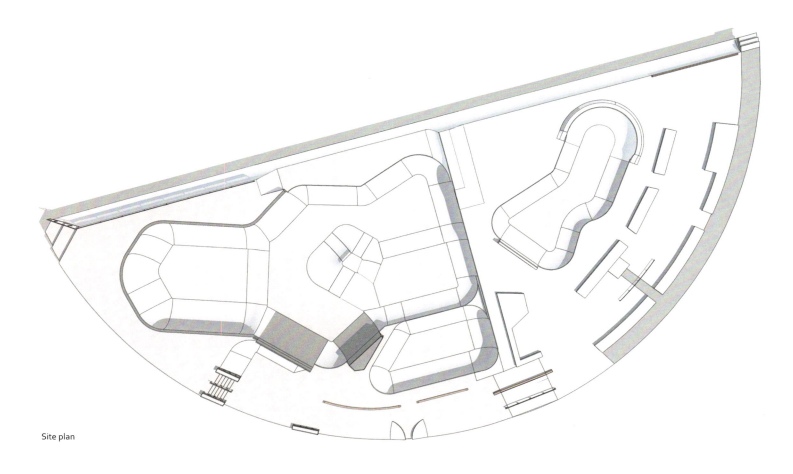

Site plan

SUSSEX STREET

Client
Skate Nottingham

Structural Engineer
Betongpark

Building Companies
Thomas Bow, Betongpark

Area
428 m²

Year
2022

Photos
© Joe Walchester, Simon Bernacki, Tom Quigley

One of the most innovative skateable landscapes to date in the UK, Sussex Street was the culmination of years of campaigning, working alongside Skate Nottingham, Nottingham city council, contractors Thomas Bow and architects Pick Everard. Located in the heart of the city on the site of a former legendary skate spot Broadmarsh Banks, skaters can enjoy the space no matter the weather. Black concrete ledges, bespoke corten steel obstacles and a smooth concrete riding surface make this spot a unique riding experience. Betongpark's role was to not only design the space and specify materials, but also to fabricate and install a set of modular skateable sculptures to fit inside the space. Designed as part of a wider public realm masterplan, Sussex Street establishes skateboarding into a shared city environment, acting as an example of best practice for other UK cities to follow.

Die Sussex Street, eine der innovativsten Skateanlagen im Vereinigten Königreich, war das Ergebnis jahrelanger Bemühungen in Zusammenarbeit mit Skate Nottingham, dem Stadtrat von Nottingham, dem Bauunternehmen Thomas Bow und dem Architekturbüro Pick Everard. Im Herzen der Stadt, auf dem Gelände der Broadmarsh Banks, einem legendären ehemaligen Skatespot, können Skater diesen Platz bei jedem Wetter genießen. Die schwarzen Betonsimse, die speziell angefertigten Hindernisse aus Cortenstahl und die glatte Betonoberfläche sorgen für ein einzigartiges Erlebnis. Die Aufgabe von Betongpark bestand nicht nur darin, den Platz zu entwerfen und die Materialien zu spezifizieren, sondern auch eine Reihe von modularen Skate-Skulpturen herzustellen und zu installieren, die in den Platz passen. Die Sussex Street wurde als Teil eines umfassenderen Masterplans für öffentliche Räume entworfen und führt das Skateboarding in ein gemeinsames städtisches Umfeld ein und dient als Beispiel für bewährte Verfahren für andere Städte in Großbritannien.

Sussex Street, l'un des *skatescapes* les plus innovants à ce jour au Royaume-Uni, est l'aboutissement d'années de campagne, en collaboration avec Skate Nottingham, le conseil municipal de Nottingham, les entrepreneurs Thomas Bow et les architectes Pick Everard. Situé au cœur de la ville, sur le site de Broadmarsh Banks, un ancien *spot* de *skate* légendaire, les *skaters* peuvent profiter de cet espace quel que soit le temps. Les rebords en béton noir, les obstacles en acier corten fabriqués sur mesure et la surface en béton lisse offrent une expérience unique. Le rôle de Betongpark était non seulement de concevoir l'espace et de spécifier les matériaux, mais aussi de fabriquer et d'installer un ensemble de sculptures de *skate* modulaires adaptées à l'espace. Conçue dans le cadre d'un plan directeur plus large d'espaces publics, Sussex Street introduit le *skateboard* dans un environnement urbain partagé et constitue un exemple de bonnes pratiques pour d'autres villes du Royaume-Uni.

Sussex Street, uno de los paisajes patinables más innovadores hasta la fecha en el Reino Unido, fue la culminación de años de campaña, en colaboración con Skate Nottingham, el ayuntamiento de Nottingham, los contratistas Thomas Bow y los arquitectos de Pick Everard. Situada en el corazón de la ciudad, en el emplazamiento de Broadmarsh Banks, un antiguo y legendario lugar de patinaje, los patinadores pueden disfrutar de este espacio haga el tiempo que haga. Los salientes de hormigón negro, los obstáculos de acero corten hechos a medida y la superficie lisa de hormigón hacen de este lugar una experiencia única. El papel de Betongpark consistió no sólo en diseñar el espacio y especificar los materiales, sino también en fabricar e instalar un conjunto de esculturas modulares para patinar que encajaran en el espacio. Diseñada como parte de un plan maestro de espacios públicos más amplio, Sussex Street introduce el monopatín en un entorno urbano compartido, sirviendo de ejemplo de buenas prácticas para otras ciudades del Reino Unido.

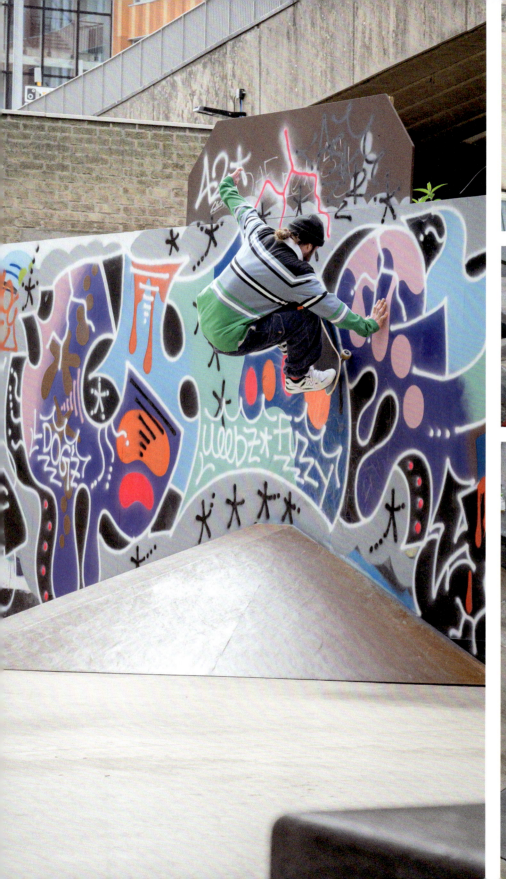

BETONLANDSCHAFTEN

BETONLANDSCHAFTEN TEAM

www.betonlandschaften.de

The landscape architecture office Betonlandschaften (Concrete Landscapes) from Cologne has been developing and planning skate and bike facilities for more than 15 years - nationally and internationally.
The 10-strong team at Betonlanlandschaften consists of landscape architects, architects, engineers and designers, all of whom have been involved in BMX or skateboarding for many years.
Office owner and landscape architect Ralf Maier has been an active BMX professional for over 25 years (German champion and world champion), founder and publisher of the Freedom BMX Magazine and author of three books and instructional DVDs about BMX sport.
He is also the head and employee of various working groups (norms and regulations) for skate and bike facilities, as well as an expert and appraiser for skate and bike facilities.

Das Landschaftsarchitektur-Büro Betonlandschaften (Concrete Landscape) aus Köln, entwickelt und plant seit mehr als 15 Jahren Skate- und Bikeanlagen - national sowie international.
Das 10-köpfige Team von Betonlanschaften besteht aus Landschaftsarchitekten, Architekten, Ingenieuren sowie Designern, die allesamt langjährig den BMX- oder Skateboard-Sport betreiben.
Büroinhaber und Landschaftsarchitekt Ralf Maier war über 25 Jahre aktiver BMX-Profi (Deutscher Meister und Weltmeister), Gründer und Herausgeber des Freedom BMX Magazins sowie Buchautor von drei Büchern und Lern-DVDs über den BMX Sport.
Desweiteren ist er Leiter und Mitarbeiter verschiedener Arbeitsgremien (Normen und Regelwerken) für Skate und Bikeanlagen sowie Sachverständiger und Gutachter für Skate- und Bikeanlagen.

Le bureau d'architecture paysagère Betonlandschaften (paysages en béton) de Cologne développe et planifie depuis plus de 15 ans des installations de *skate* et de cyclisme à l'échelle nationale et internationale.
L'équipe de Betonlanlandschaften, qui compte 10 personnes, est composée d'architectes paysagistes, d'architectes, d'ingénieurs et de designers, tous impliqués dans le BMX ou le *skateboard* depuis de nombreuses années.
Ralf Maier, propriétaire du bureau et architecte paysagiste, est un professionnel actif du BMX depuis plus de 25 ans (champion d'Allemagne et champion du monde), fondateur et rédacteur en chef du magazine Freedom BMX et auteur de trois livres et DVD d'instruction sur le BMX.
Il est également chef et contributeur de plusieurs groupes de travail (règles et règlements) sur les installations de patinage et de cyclisme, ainsi qu'expert et évaluateur d'installations de patinage et de cyclisme.

El estudio de arquitectura paisajista Betonlandschaften (paisajes de hormigón) de Colonia lleva más de 15 años desarrollando y planificando instalaciones para *skate* y ciclismo a escala nacional e internacional.
El equipo de 10 personas de Betonlanlandschaften está formado por arquitectos paisajistas, arquitectos, ingenieros y diseñadores, todos ellos relacionados con el BMX o el monopatín desde hace muchos años.
Ralf Maier, propietario de la oficina y arquitecto paisajista, ha sido profesional activo de BMX durante más de 25 años (campeón alemán y campeón mundial), fundador y editor de la revista Freedom BMX Magazine y autor de tres libros y DVD instructivos sobre el deporte de BMX.
También es jefe y colaborador de varios grupos de trabajo (normas y reglamentos) sobre instalaciones para patinaje y ciclismo, así como perito y tasador de instalaciones para patinaje y ciclismo.

DORTMUND HOMBRUCH SPORTS AND LEISURE PARK

AUGSBURG REESEPARK "TABLE MOUNTAINS"

SKATE PARK SYRIA, DAMASCUS

SKATE PARK UGANDA KINITALE

SKATE PARK NEPAL, BUTWAL

DORTMUND HOMBRUCH SPORTS AND LEISURE PARK

Client
City of Dortmund

Landscape Architect
Ralf Maier

Building Company
Häring Skatepark Construction, München

Area
20,000 m²

Year
2022

Photos
© Jeff Ladd, Ralf Maier, Lukas Reyer

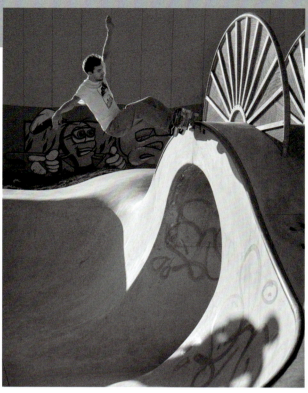

One of the largest multifunctional facilities in Germany was built on the site of the former historic coal mine site and an existing BMX dirt facility. The Glückauf coal mine was operated from 1616 to 1925 and its shafts went down to a depth of 720 meters. The exsiting site was correspondingly difficult. All sports areas of the skate and bike facility have been zoned to avoid user conflicts, so that they can be used from beginners to professionals and for all sports (BMX, skateboard, scooter/scooter, inline skate, roller skate and WCMX, etc.), without excluding anyone. The entire facility also has barrier-free access, lighting and planting that meets the currently changing climatic requirements. In terms of the architectural language of the project, homage was paid to Dortmund's cultural identity of heavy industry and mining. This homage can be seen in the choice of materials and colors.

Auf dem Gelände des ehemaligen historischen Zechengeländes und einer bestehenden BMX-Dirtanlage entstand eine der größten Multifunktionsanlagen in Deutschland. Die Zeche Glückauf wurde von 1616 – 1925 betrieben und deren Abbauschächte gingen bis zu 720 Meter in die Tiefe. Der Baugrund war dementsprechend schwierig. Alle Sportbereiche der Skate- und Bikeanlage wurden zoniert, um Nutzerkonflikte zu vermeiden, so dass sie vom Anfänger bis zum Profi und für alle Sportarten (BMX, Skateboard, Scooter/Roller, Inline-Skate, Rollerskate und WCMX usw.) genutzt werden können, ohne dass jemand ausgeschlossen wird. Die gesamte Anlage verfügt weiter über barrierefreie Zugänge, Beleuchtung sowie eine Bepflanzung, die den sich gerade ändernden Klimaansprüchen gerecht wird. In Bezug auf die architektonische Sprache des Projekts wurde der kulturellen Identität von Dortmund, der Schwerindustrie und dem Bergbau, gehuldigt. Diese Hommage ist an der Auswahl der Materialien und Farben abzulesen.

L'une des plus grandes installations multi fonctionnelles d'Allemagne a été construite sur le site d'une ancienne mine de charbon historique et d'une installation terrestre de BMX existante. La mine de charbon de Glückauf a été exploitée de 1616 à 1925 et ses puits descendaient à une profondeur de 720 mètres. Le site existant présentait un certain nombre de difficultés. Toutes les zones sportives de l'installation de patinage et de cyclisme ont été zonées pour éviter les conflits entre les utilisateurs, de sorte que tous les sports (BMX, *skateboard*, trottinette, patin en ligne, patin à roulettes et WCMX, etc.) puissent être utilisés, des débutants aux professionnels et pour tous les sports, sans exclure personne. En outre, l'ensemble de l'installation dispose d'un accès sans obstacle, d'un éclairage et d'une plantation qui répondent aux exigences climatiques changeantes d'aujourd'hui. En ce qui concerne le langage architectural du projet, un hommage a été rendu à l'identité culturelle de l'industrie lourde et de l'exploitation minière à Dortmund. Cet hommage se retrouve dans le choix des matériaux et des couleurs.

Una de las mayores instalaciones multifuncionales de Alemania se construyó en el emplazamiento de la antigua mina de carbón histórica y de una instalación de BMX de tierra ya existente. La mina de carbón de Glückauf funcionó de 1616 a 1925 y sus pozos descendían hasta una profundidad de 720 m. El emplazamiento existente presentaba una serie de dificultades. Todas las zonas deportivas de la instalación de patinaje y ciclismo se han zonificado para evitar conflictos entre usuarios, de modo que puedan utilizarse desde deportistas principiantes hasta profesionales y para todos los deportes (BMX, monopatín, *scooter*, patín en línea, patín de ruedas y WCMX, etc.), sin excluir a nadie. Además, toda la instalación cuenta con accesos sin barreras, iluminación y plantación que responden a las exigencias climáticas cambiantes en la actualidad. En cuanto al lenguaje arquitectónico del proyecto, se rindió homenaje a la identidad cultural de la industria pesada y la minería de Dortmund. Este homenaje puede apreciarse en la elección de materiales y colores.

AUGSBURG REESEPARK "TABLE MOUNTAINS"

Client
City of Augsburg

Landscape Architect
Ralf Maier

Building Company
Schneestern Durach

Area
1,750 m²

Year
2020

Photos
© Jeff Ladd, Ralf Maier

After the withdrawal of the American armed forces in 1998, the old barracks area of 60 hectares was completely redesigned by the landscape architecture office Lohaus/Carl/Köhlmos from Hanover. An American landscape with various sports and play areas was developed over almost four kilometers.

The spaces in between are special places with sports and game animations and/or special plantings that interpret American landscape sections.

In a part of the park there is a "concrete landscape" the so-called "Table Mountain". For approval reasons, no skate park could be built in this part of the area, but an "exercise landscape".

Inspired by the planning concept of the Lohaus/Carl/Köhlmos office and the existing topography, we developed a movement landscape/concrete landscape.

This shape is based on the world famous skate spot, the Sadlands in Anaheim/California, which was demolished in 1998.

Nach dem Abzug der amerikanischen Streitkräfte 1998 wurden die alten Kasernen-Flächen von 60 Hektar gesamträumlich von dem Landschaftsarchitekturbüro Lohaus/Carl/Köhlmos aus Hannover neugestaltet. Auf fast vier Kilometern wurde eine Amerikanische Landschaft mit verschiedenen Sport-, und Spiellandschaften entwickelt.

Die Zwischenräume sind besondere Orte mit Sport- und Spielanimationen und/oder besonderen Pflanzungen, die amerikanische Landschaftsausschnitte interpretieren.

In einem Teilbereich des Parkes befindet sich eine „Betonlandschaft" der sogenannte „Table Mountain". Aus Genehmigungsgründen durften keine Skateanlage an diesem Teilbereich gebaut werden, aber eine „Bewegungslandschaft".

Inspiriert vom Planungskonzept des Büros Lohaus/Carl/Köhlmos und der bestehenden Topographie haben wir eine Bewegungslandschaft/Betonlandschaft entwickelt.

Diese Form ist dem weltbekannten Skatespot, dem Sadlands in Anaheim/Kalifornien, nachempfunden, der 1998 abgerissen wurde.

Après le retrait des forces armées américaines en 1998, l'ancienne caserne de 60 hectares a été entièrement réaménagée par le cabinet d'architecture paysagère Lohaus/Carl/Köhlmos de Hanovre. Sur une longueur de près de 4 km, un paysage américain a été aménagé avec diverses aires de sport et de jeu.

Les zones intermédiaires sont des endroits spéciaux avec des animations sportives et ludiques et/ou des plantations spéciales qui interprètent des sections du paysage américain.

Dans une partie du parc, il y a un «paysage concret», la «Table Mountain». Pour des raisons d'autorisation, il n'a pas été possible de construire un skatepark dans cette partie, mais un « paysage d'exercice ».

Inspirés par le concept de planification du bureau Lohaus/Carl/Köhlmos et par la topographie existante, nous avons développé un paysage de mouvement/paysage de béton.

Cette forme est basée sur le célèbre skate spot Sadlands à Anaheim/Californie, qui a été démoli en 1998.

Tras la retirada de las fuerzas armadas estadounidenses en 1998, la antigua zona de cuarteles de 60 ha. fue completamente rediseñada por el estudio de arquitectura paisajista Lohaus/Carl/Köhlmos de Hannover. A lo largo de casi 4 km se desarrolló un paisaje americano con diversas zonas deportivas y de juego.

Los espacios intermedios son lugares especiales con animaciones deportivas y de juego y/o plantaciones especiales que interpretan secciones del paisaje americano.

En una parte del parque hay un «paisaje de hormigón», la llamada «Table Mountain». Por razones de homologación, en esta parte no se pudo construir un skatepark, sino un «paisaje de ejercicio».

Inspirándonos en el concepto de planificación de la oficina Lohaus/Carl/Köhlmos y en la topografía existente, desarrollamos un paisaje de movimiento/paisaje de hormigón.

Esta forma se basa en el mundialmente famoso «skate spot» Sadlands de Anaheim/California, que fue demolido en 1998.

SKATE-AID

www.skate-aid.org

Skate-aid is a non-profit organization that provides comprehensive help for children and young people through the educational power of skateboarding. Since its founding in 2009 by skateboarding pioneer Titus Dittmann, it has been implementing social skate park projects for disadvantaged kids worldwide in countries such as Uganda, Palestine, Syria and Nepal. The consulting cooperation partner and planning architect office is Betonlandschaften from Cologne supported us from the beginning on a voluntary basis.
Especially in areas where social grievances and difficult living conditions prevail, skate-aid supports the kids and promotes their self-determined learning. It contributes to gender equality and enables an increase in self-esteem, community awareness, personal responsibility and determination. The skate parks and the skateboard are the necessary tools to sustainably support the kids in their development through pedagogically accompanied skateboard workshops and to promote their intrinsic motivation. So, they learn to get up again in a self-determined manner after falling down. This is the mission of skate-aid: We empower kids!

Skate-aid ist eine gemeinnützige Organisation, die Kindern und Jugendlichen durch die pädagogische Kraft des Skateboard Fahrens umfassende Hilfe anbietet. Seit seiner Gründung im Jahr 2009 durch den Skateboard-Pionier Titus Dittmann führt das Unternehmen weltweit soziale Skatepark-Projekte für benachteiligte Kinder in Ländern wie Uganda, Palästina, Syrien und Nepal durch. Der beratende Kooperationspartner und planende Architekturbüro Betonlandschaften aus Köln unterstützte die NGO von Anfang an und das ehrenamtlich.
Gerade dort, wo soziale Missstände und schwierige Lebensumstände vorherrschen, unterstützt skate-aid die Kinder und fördert ihr selbstbestimmtes Lernen. Es trägt zur Gleichstellung der Geschlechter bei und ermöglicht eine Steigerung des Selbstwertgefühls, des Gemeinschaftsbewusstseins, der persönlichen Verantwortung und der Entschlossenheit. Die Skateparks und das Skateboard sind die notwendigen Hilfsmittel, um die Kids durch pädagogisch begleitete Skateboard-Workshops nachhaltig in ihrer Entwicklung zu unterstützen und ihre intrinsische Motivation zu fördern. So lernen sie, nach einem Sturz selbstbestimmt wieder aufzustehen. Das ist die Mission von skate-aid: Wir machen Kinder stark!

Skate-aid est une organisation à but non lucratif qui apporte une aide complète aux enfants et aux jeunes grâce au pouvoir éducatif du *skateboard*. Depuis sa création en 2009 par le pionnier du *skateboard* Titus Dittmann, l'organisation a mis en place des projets de *skateparks* sociaux pour les enfants défavorisés du monde entier dans des pays tels que l'Ouganda, la Palestine, la Syrie et le Népal. Le bureau d'architectes et de consultants Betonlandschaften de Cologne nous a soutenus dès le début sur une base volontaire.
Skate-aid soutient les enfants et favorise leur apprentissage autonome, en particulier dans les régions où règnent des problèmes sociaux et des conditions de vie difficiles. Il contribue à l'égalité des sexes et aide à renforcer l'estime de soi, la conscience de la communauté, la responsabilité personnelle et la détermination. Les *skateparks* et le *skateboard* sont les outils nécessaires pour soutenir durablement les enfants dans leur développement à travers des ateliers de *skateboard* accompagnés pédagogiquement et pour favoriser leur motivation. Ils apprennent à se relever de manière autodéterminée après une chute. Telle est la mission de Skate-aid : nous responsabilisons les enfants !

Skate-aid es una organización sin ánimo de lucro que proporciona ayuda integral a niños y jóvenes a través del poder educativo del monopatín. Desde su fundación en 2009 por el pionero del monopatín Titus Dittmann, lleva a cabo proyectos sociales de *skatepark* para niños desfavorecidos de todo el mundo en países como Uganda, Palestina, Siria y Nepal. El despacho de arquitectos y consultores Betonlandschaften de Colonia nos apoyó desde el principio de forma voluntaria.
Especialmente en zonas donde prevalecen los agravios sociales y unas condiciones de vida difíciles, skate-aid apoya a los niños y fomenta su aprendizaje auto determinado. Contribuye a la igualdad de género y permite aumentar la autoestima, la conciencia de comunidad, la responsabilidad personal y la determinación. Los *skateparks* y el monopatín son las herramientas necesarias para apoyar de forma sostenible a los niños en su desarrollo mediante talleres de monopatín acompañados pedagógicamente y para fomentar su motivación. Aprenden a levantarse de nuevo de forma auto determinada después de caerse. Esta es la misión de Skate-aid: ¡Damos poder a los niños!

Skate Park Damascus

Skate Park Nepal, Butwal

Skate Park Uganda Kinitale

Photos
© Maik Giersch, Jörg Baumgarten, Tobias Egelkamp, Ralf Maier, Skate-Aid

SKATE PARK SYRIA, DAMASCUS
Design & Architecture by Betonlandschaften

In a post-war area, children - many of them traumatized by their childhood experiences of violence - do not have opportunities for leisure activities that are so important for their development. Therein lies the importance of this skate park project Damascus Syria. In the skate park, which was created in cooperation with SkateAid, SOS Children's Villages and concrete landscapes, they should have the opportunity to let off steam in educationally supervised workshops, to strengthen their sense of belonging in dealing with others and to overcome trauma. The newly built skate park is located on an existing public and terraced space next to a school for daily use by the school children. In addition to a mini bowl and a street area, a playground with large play equipment and a public toilet was built on the property. The entire area has been replanted, which has a very good effect on the atmosphere and privacy.
The skate park is used daily by many school children and has become an integral part of the neighborhood. The children from the SOS Children's Village, which is a few kilometers away, are driven to the park at regular intervals to receive skating lessons from experienced skaters. Skateboarding contributes to the children's healing process. This will empower a new generation that understands the importance of peace.

In einem Nachkriegsgebiet haben Kinder - viele von ihnen sind durch ihre frühkindlichen Gewalterfahrungen traumatisiert - keine Möglichkeiten zu Freizeitaktivitäten, die für ihre Entwicklung so wichtig sind. Darin liegt die Bedeutung dieses Skateparkprojekts Damaskus Syrien. Im Skatepark, der in Kooperation von Skate- Aid, SOS-Kinderdörfer und Betonlandschaften entstanden ist, sollen sie die Möglichkeit haben, sich im Rahmen pädagogisch betreuter Workshops auszutoben, ihr Zugehörigkeitsgefühl im Umgang mit anderen zu stärken und Traumata zu überwinden. Der neu gebaute Skatepark befindet sich auf einer bestehenden öffentlichen und terrassierten Platzfläche neben einer Schule, um auch von den Schulkindern täglich genutzt zu werden. Neben einer Minibowl und einer Streetfläche, wurde auf dem Grundstück ein Spielplatz mit einem großen Spielgerät und einer öffentlichen Toilette errichtet. Die komplette Fläche wurde neu bepflanzt, was sich sehr gut auf die Atmosphäre und Privatsphäre auswirkt.
Der Skatepark wird täglich von vielen Schulkindern genutzt und ist für die Nachbarschaft nicht mehr wegzudenken. Die Kinder vom SOS Kinderdorf, welches einige Kilometer entfernt liegt, werden in regelmäßigen Abständen zum Park gefahren, um dort von erfahrenen Skatern Skateunterricht zu bekommen.

Dans une région d'après-guerre, les enfants, dont beaucoup ont été traumatisés par les violences subies dans leur enfance, n'ont pas la possibilité d'avoir des activités de loisirs qui sont pourtant essentielles à leur développement. C'est pourquoi le projet de *skatepark* de Damas Syrie est si important. Dans ce parc, créé en coopération avec Skate-aid, SOS Villages d'enfants et Betonlandschaften, ils devraient avoir la possibilité de se défouler dans des ateliers encadrés par des éducateurs, de renforcer leur sentiment d'appartenance dans leurs relations avec les autres et de surmonter leurs traumatismes. Le *skatepark* nouvellement construit est situé dans un espace public en terrasse existant, à côté d'une école. En plus d'un *mini bowl* et d'une zone de rue, une aire de jeux pour enfants avec de grands équipements et des toilettes publiques ont été construits sur le site. L'ensemble de la zone a été replanté, ce qui a un très bon effet sur l'environnement et la vie privée.
Le *skatepark* est utilisé quotidiennement par de nombreux écoliers et fait désormais partie intégrante du quartier. Les enfants du village d'enfants SOS, situé à quelques kilomètres seulement, sont amenés au parc à intervalles réguliers pour recevoir des leçons de patinage de la part de skateurs expérimentés. Le *skateboard* contribue au processus de guérison de ces enfants. Une nouvelle génération est ainsi formée et comprend l'importance de la paix.

En una zona de posguerra, los niños, muchos de ellos traumatizados por sus experiencias infantiles de violencia, no tienen oportunidades para realizar actividades de ocio tan importantes para su desarrollo. Ahí radica la importancia del proyecto *skatepark* Damasco Siria. En el parque, creado en colaboración con Skate-aid, Aldeas Infantiles SOS y Betonlandschaften, deben tener la oportunidad de desahogarse en talleres supervisados educativamente, reforzar su sentido de pertenencia en el trato con los demás y superar traumas. El *skatepark* de nueva construcción está situado en un espacio público y aterrazado existente junto a una escuela. Además de un *mini bowl* y una zona de calle, se ha construido en el terreno un parque infantil con grandes juegos y un aseo público. Se ha replantado toda la zona, lo que tiene un efecto muy bueno en el ambiente y la intimidad.
El *skatepark* es utilizado a diario por muchos escolares y se ha convertido en parte integrante del barrio. Los niños de la Aldea Infantil SOS, que está a pocos kilómetros, son conducidos al parque a intervalos regulares para recibir clases de patinaje de patinadores experimentados. El monopatín contribuye al proceso de curación de estos niños. De este modo se capacita a una nueva generación que comprende la importancia de la paz.

SKATE PARK UGANDA, KINITALE
Design & Architecture by Betonlandschaften

Since 2010, the NGO organization Skate-Aid has been working with the Uganda Skateboard Union (USU) in Kinitale Township with around 20,000 inhabitants. The biggest problems there include poor education, no running water, open drainage, unemployment, HIV and AIDS, and drug abuse. USU, which built its own small skate park in 2005, was expanded in 2021 with a "Skullbowl" skate bowl. Due to the proximity to Lake Victoria and the above ground drainage, it was not possible to build the bowl in the ground, as water and fecal matter were present at a depth of 30 cm. The skate park is now a meeting point for the kids and young people from the township and USU is like a substitute family for many. It's not just about skateboarding, it's about creating a stable social environment that very few children and young people there know.
In 2022 we were able to expand the skate park with a mini ramp, a plaza and a "library" (training building with an integrated library and computers). In this way, the skate park lives up to its growing role as a community center and we can offer the kids more activities that go beyond skateboarding. Educational skateboard workshops are currently being held there with up to 30 children every day and with up to 60 children at the weekend in the skate park in Kinitale/Uganda.

Seit 2010 arbeitet die NGO Organisation Skate-Aid mit der Uganda Skateboard Union (USU) in Kinitale Township mit ca. 20.000 Einwohner zusammen. Zu den größten Problemen dort zählen Bildungsarmut, kein fließendes Wasser, Fäkalien werden oberirdisch entsorgt, Arbeitslosigkeit, HIV und AIDS, sowie der Missbrauch von Drogen. Die USU, die 2005 ihren eigenen kleinen Skatepark gebaut hatte, wurde 2021 durch einen Skatebowl „Skullbowl" erweitert. Aufgrund der Nähe zum Viktoriasee und der oberirdisch ablaufenden Fäkalien war ein Bau des Bowls im Boden nicht möglich da ab 30 cm Wasser und Fäkalien anstanden. Der Skatepark ist mittlerweile Anlaufpunkt für die Kids und Jugendlichen aus dem Township und die USU für viele wie eine Ersatzfamilie. Hier geht es nicht nur ums Skateboarden, sondern um die Schaffung eines stabilen sozialen Umfelds, wie es dort nur die wenigsten Kinder und Jugendlichen kennen.
Wir konnten 2022 den Skatepark um eine Miniramp, sowie eine Plaza und eine „Library", (Schulungsgebäude mit integrierter Bibliothek und Computern), erweitern. Somit wird der Skatepark seiner wachsenden Rolle als Community Center gerecht und wir können den Kids mehr Angebote bereiten, die über das Skateboarden hinaus gehen. Aktuell werden dort täglich Skatboard-Workshops mit bis zu 30 Kinder durchgeführt.

Depuis 2010, l'ONG Skate-aid travaille avec l'Uganda Skateboard Union (USU) dans la commune de Kinitale, qui compte environ 20 000 habitants. Les principaux problèmes sont le manque d'éducation, l'absence d'eau courante, les égouts à ciel ouvert, le chômage, le VIH et le sida, et la toxicomanie. L'USU, qui a construit son propre petit skatepark en 2005, a été agrandi en 2021 avec un skate bowl « Skullbowl ». En raison de la proximité du lac Victoria et du drainage de surface, il n'a pas été possible de construire le *bowl* sur le sol, car il y avait de l'eau et des matières fécales à 30 cm de profondeur. Le *skatepark* est désormais un point de rencontre pour les enfants et les jeunes de la municipalité et l'USU est comme une famille de substitution pour beaucoup d'entre eux. Il ne s'agit pas seulement de faire du *skate*, mais de créer un environnement social stable que très peu d'enfants et de jeunes connaissent.
En 2022, nous avons pu l'agrandir avec une mini-rampe, une place et une « bibliothèque » (bâtiment de formation avec bibliothèque et ordinateurs intégrés). Ainsi, le *skatepark* est à la hauteur de son rôle croissant de centre communautaire et nous pouvons proposer aux enfants des activités qui vont au-delà du *skateboard*. Actuellement, le *skatepark* de Kinitale (Ouganda) organise des ateliers éducatifs de *skateboarding* auxquels participent jusqu'à 30 enfants chaque jour et jusqu'à 60 enfants le week-end.

Desde 2010, la ONG Skate-aid trabaja con la Uganda Skateboard Union (USU) en el municipio de Kinitale, de unos 20.000 habitantes. Allí, los mayores problemas son la mala educación, la falta de agua corriente, el alcantarillado abierto, el desempleo, el VIH y el sida, junto al consumo de drogas. USU, que construyó su propio pequeño *skatepark* en 2005, se amplió en 2021 con un skate bowl «Skullbowl». Debido a la proximidad del lago Victoria y al drenaje de la superficie, no fue posible construir el *bowl* en el suelo, ya que había agua y materia fecal a 30 cm de profundidad. El *skatepark* es ahora un punto de encuentro para los niños y jóvenes del municipio y la USU es como una familia sustituta para muchos de ellos. No se trata sólo de patinar, sino de crear un entorno social estable que muy pocos niños y jóvenes de allí conocen.
En 2022 pudimos ampliarlo con una mini rampa, una plaza y una «biblioteca» (edificio de entrenamiento con biblioteca y ordenadores integrados). De este modo, el *skatepark* está a la altura de su creciente papel como centro comunitario y podemos ofrecer a los chavales actividades que van más allá del monopatín. Actualmente se imparten en el *skatepark* de Kinitale/Uganda talleres educativos de monopatín con hasta 30 niños todos los días y con hasta 60 niños los fines de semana.

SKATE PARK NEPAL, BUTWAL
Design & Architecture by Betonlandschaften

The concept for the skate park was developed by Büro Betonlandschaften from an abstraction of the skate-aid logo, which consists of two crossed skateboards. This cross represents the basic form of the complex and is divided into three areas. The skate park is located in the middle area, the heart of the facility. The adjoining areas can be flexibly adapted to the wishes of the users and the needs on site. Here, for example, multifunctional sports areas, event areas, additional skate areas, a playground or a building, e.g. in the form of a youth center are arranged. With this concept, it is possible to develop further systems that have a uniform appearance and are nevertheless individually adaptable. The concept can be scaled and thus adapted to local conditions and the project budget. In addition, it enables the zoning of the system and production in different, independent construction phases. Due to its elongated shape, the middle area is ideal for developing different and exciting skate parks for future projects. This project was realized with the local partner of "Yuwa for Change" and "skate-aid Nepal" was founded.

Das Konzept für den Skatepark wurde aus einer Abstraktion des skate-aid-Logos vom Büro Betonlandschaften ehrenamtlich entwickelt, welches aus zwei gekreuzten Skateboards besteht. Dieses Kreuz stellt die Grundform der Anlage dar und gliedert sich in drei Bereiche. In dem mittleren Bereich, dem Herzstück der Anlage, befindet sich der Skatepark. Die angrenzenden Bereiche können flexibel auf die Wünsche der Nutzerinnen und den Bedarf vor Ort angepasst werden. Hier können beispielsweise bei weiteren Projekten multifunktionelle Sportflächen, Veranstaltungsflächen, weitere Skatebereiche, ein Spielplatz oder ein Gebäude, z. B. in Form eines Jugendzentrums, angeordnet werden. Mit diesem Konzept ist es möglich, weitere Anlagen zu entwickeln, die ein einheitliches Erscheinungsbild besitzen und dennoch individuell anpassbar sind. Das Konzept kann skaliert und so auf die örtlichen Verhältnisse und das Projektbudget angepasst werden. Zudem ermöglicht es die Zonierung der Anlage und eine Herstellung in verschiedenen, unabhängigen Bauabschnitten. Die mittlere Fläche ist aufgrund ihrer länglichen Form bestens geeignet, um auch für zukünftige Projekte unterschiedliche und spannende Skateparks zu entwickeln. Dieses Projekt wurde mit dem lokalen Partner von „Yuwa for Change" realisiert und „skate-aid Nepal" gegründet.

Le concept du skatepark a été développé par Büro Betonlandschaften à partir d'une abstraction du logo de Skate-aid, qui consiste en deux skateboards croisés. Cette croix représente la forme de base du complexe, qui est divisé en trois zones. Le skatepark est situé dans la zone centrale, le cœur de l'installation. Les zones adjacentes peuvent être adaptées de manière flexible aux souhaits des utilisateurs et aux besoins du site. On y trouve par exemple des espaces sportifs multi fonctionnels, des espaces événementiels, des zones de patinage supplémentaires, une aire de jeux pour les enfants ou un centre de jeunesse. Grâce à ce concept, il est possible de développer d'autres systèmes qui ont un aspect uniforme tout en étant adaptables individuellement. Le concept peut être étendu et donc adapté aux conditions locales et au budget du projet. En outre, il permet le zonage du système et la production en différentes phases de constructions indépendantes. Grâce à sa forme allongée, la zone centrale est idéale pour le développement de skateparks différents et passionnants dans le futur. Ce projet a été réalisé avec le partenaire local « Yuwa for Change » pour créer « Skate-aid Nepal ».

El concepto del *skatepark* fue desarrollado por Büro Betonlandschaften a partir de una abstracción del logotipo de Skate-aid, que consiste en dos monopatines cruzados. Esta cruz representa la forma básica del complejo y está dividida en tres zonas. El *skatepark* está situado en la zona central, el corazón de la instalación. Las zonas adyacentes pueden adaptarse con flexibilidad a los deseos de los usuarios y a las necesidades *in situ*. Aquí se disponen, por ejemplo, zonas deportivas multifuncionales, zonas para eventos, zonas adicionales para patinar, un parque infantil o un centro juvenil. Con este concepto, es posible desarrollar otros sistemas que tengan una apariencia uniforme y que, sin embargo, sean adaptables individualmente. El concepto puede escalarse y adaptarse así a las condiciones locales y al presupuesto del proyecto. Además, permite la zonificación del sistema y la producción en distintas fases de construcciones independientes. Gracias a su forma alargada, la zona central es ideal para desarrollar futuros *skateparks* diferentes y emocionantes.Este proyecto se realizó con el socio local de «Yuwa for Change» para crear «Skate-aid Nepal».

CONCRETE FLOW
SKATEPARKS

MIKE VAN DER OUDERAA
© Mareleur David

www.facebook.com/ConcreteFlowSkateparks/

CFS has built in Belgium, France, Austria, Luxembourg and Brazil. To date 58 projects, 13 of which are own creations.

To date, 51 skateboarders/builders of 14 different nationalities have worked WITH and not "for" CFS, on at least one project each. A concrete skatepark is a new form of sculptural art, and a collective work of art. It is also a functional sculpture, and as such is a new form of architecture.

History is studied through texts, but also through the architecture that society has produced, and if shotcrete skateparks are a new form of architecture, then in a way, by building skateparks, we can say that we are making a gift to today's society, which we are moving forward. Just look at the interest architects have shown in our art form in recent years: very exciting.

We believe that every skatepark should be different, just like the waves, which are the source of our studio, never the same. What we create is a fluid element that has been frozen.

CFS hat in Belgien, Frankreich, Österreich, Luxemburg und Brasilien gebaut. Bis heute 58 Projekte, von denen 13 eigene Kreationen sind.

Bis heute haben 51 Skateboarder/Baumeister aus 14 verschiedenen Ländern MIT und nicht „für" CFS an mindestens einem Projekt gearbeitet. Ein Skatepark aus Spritzbeton ist eine neue Form der skulpturalen Kunst und ein kollektives Kunstwerk. Er ist auch eine funktionale Skulptur und als solche eine neue Form der Architektur.

Die Geschichte wird anhand von Texten studiert, aber auch anhand der Architektur, die die Gesellschaft hervorgebracht hat, und wenn Skateparks aus Spritzbeton eine neue Form der Architektur sind, dann können wir in gewisser Weise sagen, dass wir mit dem Bau von Skateparks ein Geschenk an die heutige Gesellschaft machen, die wir voranbringen. Schauen Sie sich nur das Interesse an, das Architekten in den letzten Jahren für unsere Kunstform gezeigt haben: sehr spannend.

Wir glauben, dass jeder Skatepark anders sein sollte, so wie die Wellen, die die Quelle unseres Studios sind, niemals gleich sind. Was wir schaffen, ist ein flüssiges Element, das eingefroren wurde.

CFS à construit en Belgique, France, Autriche, Luxembourg et au Brésil. Jusqu'a présent 58 projets dont 13 sont des créations personnelles.

Ont travaillé AVEC et non pas « pour » CFS, jusqu'a présents et sur au moins un chantier chacun, 51 skateurs/*builder*, de 14 nationalité différentes. Un *skatepark* en béton projeté est une forme d'art sculptural nouveau, et de plus, une oeuvre collective. C'est aussi une sculpture fonctionnelle et à ce titre, c'est une forme nouvelle d'architecture.

Or l'histoire s'étudie par les textes, mais aussi par l'architecture que la société à produit, et si les *skateparks* en béton projeté sont une forme nouvelle d'architecture, alors d'une certaine manière en construisant des *skateparks*, on peux dire que nous faisons un don a la société actuelle, que nous la faisons avancer en quelque sorte.Il suffit de voir l'intérêt porté à notre forme d'art par les architectes ces dernières années : cela est très enthousiasment.

Pour ma part je considère que chaque *skatepark* se doit d'être différent, comme les vagues, qui sont à la source de notre pratique, ne sont jamais les même d'un spot à l'autre, car ce que nous créons est un élément fluide qui s'est figé.

CFS ha construido en Bélgica, Francia, Austria, Luxemburgo y Brasil. Hasta la fecha 58 proyectos, 13 de los cuales son creaciones propias.

Hasta la fecha, 51 *skaters*/constructores de 14 nacionalidades diferentes han trabajado CON y no «para» CFS, en al menos un proyecto cada uno. Un *skatepark* de hormigón proyectado es una nueva forma de arte escultórico, y una obra de arte colectiva. También es una escultura funcional, y como tal es una nueva forma de arquitectura.

La historia se estudia a través de los textos, pero también a través de la arquitectura que la sociedad ha producido, y si los *skateparks* de hormigón proyectado son una nueva forma de arquitectura, entonces, en cierto modo, al construir *skateparks*, podemos decir que estamos haciendo un regalo a la sociedad actual, a la que estamos haciendo avanzar. No hay más que ver el interés que han mostrado los arquitectos por nuestra forma de arte en los últimos años: muy emocionante.

Consideramos que cada *skatepark* debe ser diferente, igual que las olas, que son la fuente de nuestro estudio, nunca iguales. Lo que creamos es un elemento fluido que se ha congelado.

BTWIN VILLAGE DECATHLON

LIÈGE - COINTE SKATEPARK

BTWIN VILLAGE DECATHLON

Client
Btwin village Decathlon, Lille

Structural Engineer
Van der Ouderaa-Moureau ASS.

Building Companies
Concrete Flow Skateparks

Area
950 m²

Year
2022

Photos
© Concrete Flow Skateparks

That project came as a private commission, which is alway good because it means that we are free to create without hassles. The project is located in an Decathlon shop only dedicated to their bike/skate/roller lines of products. Around the building there is already a BMX track, a pump track and an artificial hill for mountain bikes. Since there is an indoor street course in the building, the demand for the outdoor park was a pool and a flow part with a parking bloks/spine style of object. Aside from these two demands I was free to propose anything that would fit the budget. This situation it enables us to modify things while building; this is a bit like the process for a DIY: from the drawing table to the final product new ideas and solutions pops along the way and, as far as I know, this gives the best skateparks. For me a skatepark is a functional sculpture, and if I can drown my ideas about a sculpture, a sculpture is material, it's 3D, and it's only when I will be confronted to the making that the shape will spring out like an evidence that was hidden in the drawing.

Dieses Projekt ist als privater Auftrag entstanden, was gut ist, weil es bedeutet, dass wir die Freiheit haben, ohne Komplikationen zu gestalten. Das Projekt befindet sich in einem Decathlon-Geschäft, das sich ausschließlich auf die Produktlinien Fahrrad/Skate/Roller konzentriert. Um das Gebäude herum gibt es bereits eine BMX-Bahn, einen Pumptrack und einen künstlichen Hügel für Mountainbikes. Da es in dem Gebäude einen Indoor-Streettrack gibt, war die Anforderung für den Outdoor-Park ein Schwimmbad und ein Flow-Teil mit einem wirbelsäulenartigen Parkobjekt. Abgesehen von diesen beiden Anforderungen war ich frei, im Rahmen des Budgets alles vorzuschlagen. Diese Situation erlaubte es uns, Dinge während des Baus zu ändern; und soweit ich weiß, führt das zu den besten Skateparks. Für mich ist ein Skatepark eine funktionale Skulptur, und wenn ich meine Ideen an einer Skulptur festhalten kann, ist eine Skulptur materiell, sie ist dreidimensional, und erst wenn ich mit der Realisierung konfrontiert werde, wird die Form als ein Beweis auftauchen, der in der Zeichnung versteckt war.

Ce projet est né d'une commande privée, ce qui est une bonne chose car cela signifie que nous avons la liberté de créer. Le projet est situé dans un magasin Décathlon dédié à ses gammes de produits vélo/skate/roller. Autour du bâtiment, il y a une piste de BMX, une piste de pompage et une colline artificielle pour les VTT. Étant donné qu'il y a une piste de *street indoor* dans le bâtiment, la demande pour le parc extérieur était une piscine et une partie de flux avec un objet de stationnement en forme de colonne vertébrale. En dehors de ces deux demandes, j'étais libre de proposer n'importe quoi dans les limites du budget. Cette situation nous a permis de modifier les choses en cours de construction ; de la planche à dessin au produit final, de nouvelles idées et solutions émergent en cours de route et c'est ainsi que l'on obtient les meilleurs *skateparks*. Pour moi, un *skatepark* est une sculpture fonctionnelle, et si je peux étouffer mes idées sur une sculpture, une sculpture est matérielle, elle est en 3D, et ce n'est que lorsque je suis confronté à la réalisation que la forme émerge comme une évidence qui était cachée dans le dessin.

El proyecto surgió por un encargo privado, lo cual es bueno, ya que significa que tenemos libertad para crear. El proyecto se ubica en una tienda de Decathlon dedicada a sus líneas de productos de bicicleta/patines/rodillos. Alrededor del edificio hay una pista de BMX, otra de *pump track* y una colina artificial para bicicletas de montaña. Dado que en el edificio hay una pista de *street* interior, la demanda para el parque exterior era una piscina y una parte de *flow* con un objeto tipo espina de estacionamiento. Aparte de estas dos demandas, tenía libertad para proponer cualquier cosa que se ajustara al presupuesto. Esto nos permitió modificar cosas mientras construíamos; es como el proceso de un bricolaje: desde la mesa de dibujo hasta el producto final surgen nuevas ideas y soluciones por el camino y esto da lugar a los mejores *skateparks*. Para mí un *skatepark* es una escultura funcional, y si puedo ahogar mis ideas sobre una escultura, una escultura es material, es 3D, y sólo cuando me enfrente a la realización surgirá la forma como una evidencia que estaba escondida en el dibujo.

LIÈGE – COINTE SKATEPARK

Client
City of Cointe, Liège, Belgique

Structural Engineer
Van der Ouderaa-Moureau ASS.

Building Companies
Concrete Flow Skateparks, Nonet S.A.

Area
550 m²

Year
2015

Photos
© Concrete Flow Skateparks

The snake run of Cointe in Liège is a mystical place: the original snake run was built in 1979, it was one of the park that survive over time; It has seen a lot of epic session since, myself I skated there when I was 17. So nearly 40 years later when I was asked to create a new part of the original place, it was a big responsibility and honor. Since the new part was not previewed to be drained, and due to the slope, the deep end has to leave a passage in the form of a door to leave the water out. The shape of that door was originally design casted, but in the building process we realized that we could use the concrete pipe that was at the entry since the building of the park back in 79, giving the place a little "upland" look. So we thought and so we did, but moving that enormous pipe was a challenge, since it was too heavy to be lifted by the machines on site, so what we did is to dig in front of it and turn it in order to make it roll down the slope, the pipe stop rolling exactly 30 cm to where it belong and we just had to turn it 90° and it was there!

Die Schlangenbahn von Cointe in Lüttich ist ein mystischer Ort: Die ursprüngliche Schlangenbahn, die 1979 gebaut wurde, war eine derjenigen, die den Test der Zeit überlebt haben. Sie hat seither viele epische Sessions erlebt, ich selbst bin dort mit 17 Jahren Schlittschuh gelaufen. Als ich also fast 40 Jahre später gebeten wurde, einen neuen Teil des ursprünglichen Platzes zu gestalten, war das eine große Verantwortung und eine Ehre. Da der neue Teil nicht für eine Entwässerung vorgesehen war und wegen des Gefälles muss das tiefe Ende einen torförmigen Durchgang lassen, damit das Wasser abfließen kann. Die Form dieses Tors war ursprünglich ein Gussentwurf, aber im Laufe der Bauarbeiten wurde uns klar, dass wir das Betonrohr verwenden könnten, das sich seit der Errichtung des Parks im Jahr ‚79 im Eingang befand und dem Ort ein etwas „erhöhtes" Aussehen verlieh. Gruben wir vor dem Rohr, drehten es und rollten es den Hang hinunter. Das Rohr hörte genau 30 cm vor der Stelle auf zu rollen, an der es sein sollte, also mussten wir es nur um 90° drehen und schon war es da!

La patinoire de Cointe à Liège est un lieu mystique : la patinoire originale, construite en 1979, est l'une de celles qui ont survécu à l'épreuve du temps. Elle a connu de nombreuses sessions épiques depuis, j'y ai moi-même patiné à l'âge de 17 ans. Ainsi, près de 40 ans plus tard, lorsqu'on m'a demandé de créer une nouvelle partie de la patinoire originale, ce fut une grande responsabilité et un honneur. Comme la nouvelle partie n'était pas destinée à être drainée, et en raison de la pente, la partie profonde doit laisser un passage en forme de porte pour laisser l'eau s'échapper. Au cours du processus de construction, nous avons réalisé que nous pouvions utiliser le tuyau en béton qui se trouvait à l'entrée, donnant ainsi à l'endroit un aspect un peu « surélevé ». Mais déplacer cet énorme tuyau était un défi, trop lourd pour être soulevé par les machines sur place. Nous avons donc creusé devant le tuyau et l'avons fait tourner pour le faire rouler le long de la colline. Le tuyau s'est arrêté de rouler exactement à 30 cm de l'endroit où il était censé se trouver, il nous a donc suffi de le tourner de 90° pour qu'il soit là !

La pista de serpientes de Cointe, en Lieja, es un lugar místico: la pista original fue construida en 1979, y sobrevivió al paso del tiempo. Ha visto muchas sesiones épicas desde entonces, yo mismo patiné allí cuando tenía 17 años. Cuando casi 40 años después, me pidieron que creara una nueva parte del lugar original, representó una gran responsabilidad y un honor. Dado que la parte nueva no estaba prevista para ser drenada, y debido a la pendiente, el extremo profundo tiene que dejar un paso en forma de puerta para dejar salir el agua. En el proceso de construcción nos dimos cuenta de que podíamos utilizar el tubo de hormigón que había en la entrada desde la construcción del parque, dándole al lugar un aspecto un poco «elevado». Así lo pensamos y así lo hicimos. Pero mover ese enorme tubo era todo un reto, demasiado pesado para ser levantado por las máquinas del lugar, así que lo que hicimos fue cavar delante de él y girarlo para hacerlo rodar ladera abajo. La tubería dejó de rodar exactamente a 30 cm. de donde debía estar, así que sólo tuvimos que girarla 90° ¡y ya estaba allí!"

CONSTRUCTO
SKATEPARK ARCHITECTURE

STÉPHANE FLANDRIN
Architect DE - HMONP
Skateboarder since 1986

SAMUEL STAMBUL
Architect DE - HMONP
Skateboarder since 1997

LAURIS GOUIRAN
Civil engineer
Skateboarder since 2002

LÉO AMOUYAL
Architect DE - HMONP
Skateboarder since 2003

MARWAN FILALI
Architect DE - HMONP
Skateboarder since 2001

www.constructo.fr

As architects and skateboarders, we keep a close relationship between our profession and our passion.
As skateboarders, we pay special attention to the functional qualities of our projects, to make them attractive and versatile for different disciplines (skateboarding, rollerblading, BMX) and different levels of practice (from beginner to advanced).
We understand skateparks as authentic architectural projects based on a solid concept, with public space as the main source of inspiration.
Our skateparks are designed without formal prejudices and are the result of an optimal location in relation to a unique site and program in each case. To harmoniously integrate a park into its context, the goal is not to pour as much concrete as possible, but to subtly integrate the built forms into their landscape environment.
The design is based on a thorough knowledge of skateboarding, close consultation with those involved in the project, detailed analysis of the context and optimal management.

Als Architekten und Skateboarder pflegen wir eine enge Beziehung zwischen unserem Beruf und unserer Leidenschaft.
Als Skateboarder achten wir besonders auf die funktionalen Qualitäten unserer Projekte, um sie attraktiv und vielseitig für verschiedene Disziplinen (Skateboarding, Rollerblading, BMX) und verschiedene Übungsniveaus (vom Anfänger bis zum Fortgeschrittenen) zu gestalten.
Wir verstehen Skateparks als authentische architektonische Projekte, die auf einem soliden Konzept basieren und bei denen der öffentliche Raum die Hauptinspirationsquelle darstellt.
Unsere Skateparks werden ohne formale Vorurteile entworfen und sind das Ergebnis eines optimalen Standorts in Bezug auf ein einzigartiges Gelände und Programm in jedem einzelnen Fall. Um einen Park harmonisch in seinen Kontext zu integrieren, geht es nicht darum, so viel Beton wie möglich zu gießen, sondern die gebaute Form subtil in ihre landschaftliche Umgebung zu integrieren.
Der Entwurf basiert auf einer gründlichen Kenntnis des Skateboardens, einer engen Abstimmung mit den Projektbeteiligten, einer detaillierten Analyse des Kontexts und einer optimalen Verwaltung.

Avec la double casquette d'architectes et de pratiquants de *skateboard*, nous entretenons une relation étroite entre notre profession et notre passion.
En tant que pratiquants, nous restons particulièrement attentifs aux qualités fonctionnelles de nos ouvrages, afin de garantir un projet attractif et polyvalent pour les différentes disciplines (*skateboard*, *roller*, BMX) et les différents niveaux de pratique (du débutant au confirmé).
Nous concevons les *skateparks* comme de véritables projets architecturaux issus d'un concept affirmé, dont l'espace public reste notre principale source d'inspiration.
Nos *skateparks* sont conçus sans à priori formel et découlent d'une implantation optimale par rapport à un site et un programme à chaque fois unique. Pour insérer harmonieusement un *skatepark* dans son contexte, l'objectif n'est pas de couler un maximum de béton, mais plutôt de savoir intégrer avec subtilité les formes construites dans leur environnement paysager.
La conception de nos *skateparks* repose sur une maitrise de la pratique, une concertation étroite avec les acteurs du projet, une analyse fine du contexte et une gestion optimale du budget.

Como arquitectos y *skaters*, mantenemos una estrecha relación entre nuestra profesión y nuestra pasión.
Como *skaters*, prestamos especial atención a las cualidades funcionales de nuestros proyectos, para que resulten atractivos y versátiles para las distintas disciplinas (*skate*, *roller*, BMX) y los distintos niveles de práctica (de principiante a avanzado).
Entendemos los *skateparks* como auténticos proyectos arquitectónicos basados en un concepto sólido, con el espacio público como principal fuente de inspiración.
Nuestros *skateparks* se diseñan sin prejuicios formales y son el resultado de una ubicación óptima en relación con un emplazamiento y un programa únicos en cada caso. Para integrar armoniosamente un parque en su contexto, el objetivo no es verter la mayor cantidad de hormigón posible, sino integrar sutilmente las formas construidas en su entorno paisajístico.
El diseño se basa en un profundo conocimiento del *skateboarding*, una estrecha consulta con los implicados en el proyecto, un análisis detallado del contexto y una gestión óptima de la gestión.

LUXEMBOURG SKATEPARK

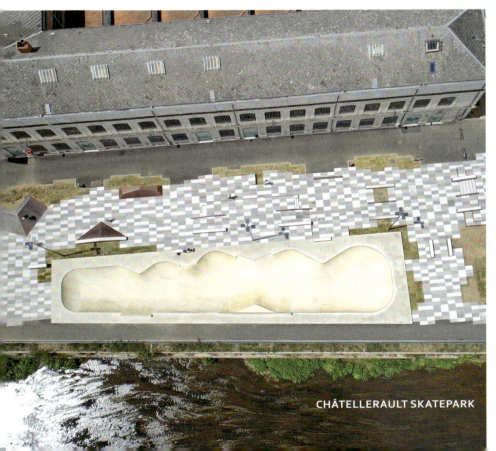

CHÂTELLERAULT SKATEPARK

LA FAUTE-SUR-MER SKATEPARK

LUXEMBOURG SKATEPARK

Client
City of Luxembourg

Structural Engineer
Schroëder

Building Companies
Soludec + Albizzati

Area
2,750 m²

Year
2016

Photos
© Constructo, Drone Club (drone)

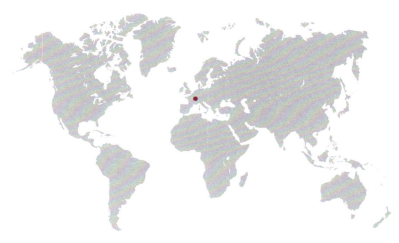

The Luxembourg skatepark was built in the heart of the landscaped park of the Peitruss Valley, at the foot of the Vauban fortification that surrounds the old city center and is inscribed on the UNESCO World Heritage list. To integrate harmoniously into this remarkable heritage context, the project was designed by reinterpreting the broken geometry of the rampart, which is reflected in the breaks of the peripheral stands. The integration of the skatepark into its site was enhanced by coloring the pavement in shades of beige and brown to match the rock that forms the base of the wall. In the lower plaza, the paving has been laid in a checkerboard pattern of gray tones, in line with the tones of the stones of the fortification. To break up the mineral effect of this international-scale project, several flowerbeds have been created within the installation itself. In addition to its architectural and landscape aspects, the project had to take into account a number of technical constraints, such as the proximity of the water table and the presence of a former subway gasworks.

Der Skatepark Luxemburg wurde im Park des Peitruss-Tals am Fuße der Vauban-Festung, die das alte Stadtzentrum umgibt und zum UNESCO-Weltkulturerbe gehört. Das Projekt wurde durch eine Neuinterpretation der gebrochenen Geometrie der Mauer entworfen, die sich in den Unterbrechungen der Randstände widerspiegelt. Die Integration des Skateparks in seinen Standort wurde durch die Farbgebung der Pflasterung in Beige- und Brauntönen in Anlehnung an das Gestein, das den Sockel der Mauer bildet, verstärkt. Auf dem darunter liegenden Platz wurde das Pflaster in einem Schachbrettmuster aus Grautönen verlegt, das sich an die Farbtöne der Steine der Festung anlehnt. Um die mineralische Wirkung dieses Projekts von internationalem Ausmaß aufzulockern, wurden in der Anlage selbst mehrere Blumenbeete angelegt. Neben den architektonischen und landschaftlichen Aspekten mussten bei dem Projekt auch einige technische Zwänge berücksichtigt werden, wie die Nähe des Grundwasserspiegels und das Vorhandensein eines ehemaligen unterirdischen Gaswerks.

Le *skatepark* de Luxembourg a été réalisé au sein du parc paysager de la Vallée de la Peitruss, au pied de la fortification Vauban ceinturant la vieille ville et classé au Patrimoine Mondial de l'UNESCO. Pour s'inscrire harmonieusement dans ce contexte patrimonial remarquable, le projet a été conçu en réinterprétant la géométrie brisée de la muraille, qui se retrouve dans les brisures des gradins périphériques. L'intégration du *skatepark* dans son site a été renforcée par la coloration des dallages sur des tons beige et marron pour se rapprocher de la roche constituant la base de la muraille. Sur la place basse, le dallage a été réalisé en damier de nuances de gris pour faire écho aux nuances de couleur des pierres de la fortification. Pour casser l'effet minéral de ce projet d'envergure internationale, de nombreuses jardinières plantées ont été créés à l'intérieur même de l'équipement. Au-delà de son aspect architectural et paysager, le projet a dû intégrer de nombreuses contraintes techniques, comme la proximité de la nappe phréatique ou la présence d'une ancienne usine de gaz en sous-sol.

El *skatepark* de Luxemburgo se construyó en el corazón del parque paisajístico del Valle de Peitruss, a los pies de la fortificación Vauban que rodea el casco antiguo de la ciudad y que está inscrita en la lista del Patrimonio Mundial de la UNESCO. Para integrarse armoniosamente en este notable contexto patrimonial, el proyecto se diseñó reinterpretando la geometría quebrada de la muralla, que se refleja en los quiebros de las gradas periféricas. La integración del *skatepark* en su emplazamiento se ha realzado coloreando el pavimento en tonos beige y marrones a juego con la roca que forma la base de la muralla. En la plaza inferior, el pavimento se ha colocado en forma de damero de tonos grises, en consonancia con las tonalidades de las piedras de la fortificación. Para romper el efecto mineral de este proyecto de escala internacional, se han creado varios parterres dentro de la propia instalación. Además de sus aspectos arquitectónicos y paisajísticos, el proyecto tuvo que tener en cuenta una serie de limitaciones técnicas, como la proximidad de la capa freática y la presencia de una antigua fábrica de gas subterránea.

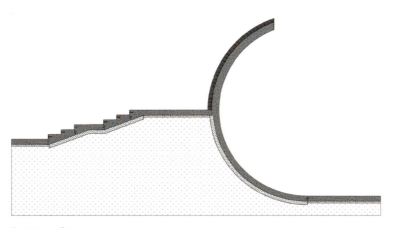
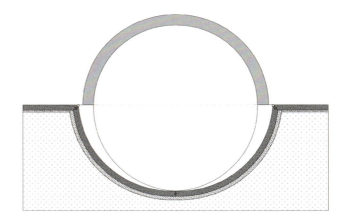

Sections cradle

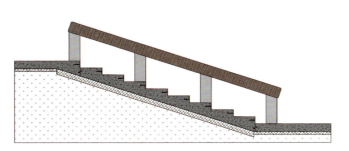

Section 9 stair ledge

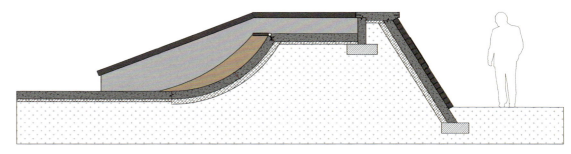

Section transition entrance

CHÂTELLERAULT SKATEPARK

Client
City of Châtellerault - France

Building Companies
Val-Rhône TP, Colas Centre Ouest

Area
1,800 m²

Year
2017

Photos
© Constructo, Drone Experience (drone)

The Châtellerault skatepark is located at the entrance of the Manufacture d'Armes, a former industrial site in the midst of restructuring, on the site of the former modular park. The space of the project, limited between the banks of the Vienne and the Auto Moto Vélo museum, made it necessary to adopt a very elongated shape.
Following this linear logic, the bowl was designed in the form of a snakerun. To blend into the existing architectural context, the floor of the street area is made of 1.00 m x 0.50 m concrete slabs in three shades of gray, reminiscent of the museum walls, whose stones have developed a patina of different shades of gray over time. The use of self-smoothing steel sliding elements refers to the industrial vocation of the site and the rusted metal elements that have been preserved. The former entrance portico to the Manufacture d'Armes has been relocated to the entrance of the skatepark to further enhance the local architectural heritage.

Der Skatepark von Châtellerault befindet sich am Eingang der Manufacture d'Armes, einem ehemaligen Industriestandort, der sich mitten in der Umstrukturierung befindet, auf dem Gelände des ehemaligen Modularparks. Die räumliche Begrenzung des Projekts zwischen dem Ufer der Vienne und dem Auto-Moto-Vélo-Museum machte eine sehr langgestreckte Form erforderlich.
Dieser linearen Logik folgend wurde die Schale in Form einer Snakerun entworfen. Um sich in den bestehenden architektonischen Kontext einzufügen, besteht der Boden des Straßenbereichs aus 1,00 m x 0,50 m großen Betonplatten in drei Grautönen, die an die Wände des Museums erinnern, deren Steine im Laufe der Zeit eine Patina aus verschiedenen Grautönen entwickelt haben. Die Verwendung von selbstglättenden Stahlschiebeelementen erinnert an die industrielle Nutzung des Geländes und die erhaltenen rostigen Metallelemente. Der ehemalige Eingangsportikus der Manufacture d'Armes wurde an den Eingang des Skateparks verlegt, um das lokale architektonische Erbe weiter aufzuwerten.

Le *skatepark* de Châtellerault se situe à l'entrée de la Manufacture d'Armes, ancien site industriel en pleine restructuration, sur l'emplacement de l'ancien *skatepark* modulaire. L'emprise du projet, contraint entre les berges de la Vienne et le musée Auto Moto Vélo, a dû prendre une forme très allongée.
Dans cette logique linéaire, le *bowl* a été traité tout en longueur sous la forme d'un *snakerun*. Pour s'intégrer dans le contexte architectural existant, le sol de la zone *street* a été décomposé en dalles en béton de 1,00m x 0,50m présentant trois nuances de gris, faisant écho aux murs du musée, dont les pierres se sont patinées avec le temps en différentes teintes grise. L'utilisation d'éléments de glisse en acier auto-patinable fait référence à la vocation industrielle du site et aux éléments métalliques rouillés qui ont été conservés. L'ancien porche d'entrée de la Manufacture d'armes a été repositionné à l'entrée du *skatepark* pour achever de mettre en valeur le patrimoine architectural local.

El *skatepark* de Châtellerault está situado a la entrada de la Manufacture d'Armes, un antiguo centro industrial en plena reestructuración, en el emplazamiento del antiguo parque modular.
El espacio del proyecto, limitado entre las orillas del Vienne y el museo Auto Moto Vélo, obligaba a adoptar una forma muy alargada. Siguiendo esta lógica lineal, el *bowl* se ha diseñado en forma de *snakerun*. Para integrarse en el contexto arquitectónico existente, el suelo de la zona de la calle está formado por losas de hormigón de 1,00 m x 0,50 m en tres tonos de gris, que recuerdan las paredes del museo, cuyas piedras han desarrollado una pátina de diferentes tonos de gris con el paso del tiempo. El uso de elementos deslizantes de acero auto alisante remite a la vocación industrial del lugar y a los elementos metálicos oxidados que se han conservado. El antiguo pórtico de entrada a la Manufacture d'Armes se ha reubicado en la entrada del *skatepark* para valorizar aún más el patrimonio arquitectónico local.

LA FAUTE-SUR-MER SKATEPARK

Client
City of La-Faute-Sur-Mer - France

Building Company
FL Construction

Area
2,970 m²

Year
2020

Photos
© Constructo

The city of La Faute-sur-Mer has decided to create an ambitious skatepark, with a bowl zone, a street zone and a beginner zone, all integrated into a large landscaped park for families.

The project is divided into three distinct areas, all treated in the same architectural style, with yellow and blue stripes that recall the meeting of the sea and the sand of the great beaches that characterize the coast.

Because of its dimensions, the project can host national competitions, and has also been selected as a CPJO (Olympic Games Preparation Center). The project's ambitions are reinforced by high-performance sports lighting, which allows sports to be played at night.

Die Stadt La Faute-sur-Mer hat beschlossen, einen ehrgeizigen Skatepark mit einem Bowl-Bereich, einem Street-Bereich und einem Bereich für Anfänger zu schaffen, der in einen großen Landschaftspark für Familien integriert ist.

Das Projekt ist in drei verschiedene Bereiche unterteilt, die alle im gleichen architektonischen Stil gehalten sind, mit gelben und blauen Streifen, die an das Zusammentreffen von Meer und Sand der großen Strände erinnern, die die Küste prägen.

Aufgrund seiner Größe kann das Projekt nationale Wettbewerbe ausrichten und wurde auch als CPJO (Zentrum für die Vorbereitung der Olympischen Spiele) ausgewählt. Die Ambitionen des Projekts werden durch eine leistungsstarke Sportbeleuchtung unterstrichen, die es ermöglicht, auch bei Nacht Sport zu treiben.

La ville de La Faute-sur-Mer a fait le choix de créer un espace de glisse ambitieux, avec un espace *bowl*, une aire de *street* et une aire d'initiation, le tout intégré dans un grand parc paysager et familial.

Le projet se décompose en trois zones distinctes, l'ensemble étant traité de la même manière architecturale avec des bandes jaunes et bleues rappelant la rencontre de la mer et du sable des grandes plages caractérisant la côte.

Le projet permet d'accueillir des compétions nationales de part sa taille, le projet a également été retenu comme CPJO (Centre de Préparation aux jeux Olympiques). Un éclairage sportif performant vient renforcer l'ambition du projet, permettant une utilisation nocturne de la pratique sportive.

La ciudad de La Faute-sur-Mer ha decidido crear un ambicioso *skatepark*, con una zona *bowl*, una zona *street* y una zona para principiantes, todo ello integrado en un gran parque ajardinado para las familias.

El proyecto se divide en tres zonas diferenciadas, todas ellas tratadas de la misma manera arquitectónica, con franjas amarillas y azules que recuerdan el encuentro del mar y la arena de las grandes playas que caracterizan la costa.

Por sus dimensiones, el proyecto puede albergar competiciones nacionales, y también ha sido seleccionado como CPJO (Centro de Preparación de los Juegos Olímpicos). Las ambiciones del proyecto se ven reforzadas por una iluminación deportiva de alto rendimiento, que permite la práctica de deportes por la noche.

CTRL+Z
SKATEPARKS AND LANDSCAPE DESIGN

ANDREA BOIDO
Engineer Università Politectinca di Torino
Skateboarder since 2001

ENRICO GORREA
Landscape architecture master UPC Barcelona
Skateboarder since 1989

TOMMASO LANZA
Architect Politecnico di Torino
Skateboarder since 2002

www.ctrlz-design.com

Ctrl+Z born in 2006, is a group of people with a common passion for skateboarding that inspires us every day.
Trial and error is no stranger to us: skateboarding's DIY and stubborn learning process has made us explore and enhance many levels of knowledge and skills.
Ctrl+Z is the Undo shortcut on a basic and "unfashionable" PC keyboard, but it states the hardcore attitude of people who learn by doing. In Italy, we collaborate with well established skateboard ramp brands, trying to bring our creative approach to their ramp design process.
We have been collaborating with the City of Turin for a complete redesign of one of the main squares of the City Centre, Piazza Valdo Fusi, where instead of a basic skate plaza concept, we are creating true skateable installations, designed as multipurpose objects that can be used by everybody, not only by skaters.
We really believe the future of the skateboard facilities is developing public spaces and street furniture.

Ctrl+Z wurde 2006 von einer Gruppe von Leuten mit einer gemeinsamen Leidenschaft für das Skateboarding gegründet, die uns jeden Tag inspiriert.
Versuch und Irrtum sind uns nicht fremd: Der DIY-Prozess und der hartnäckige Lernprozess des Skateboardens hat uns dazu gebracht, viele Ebenen des Wissens und der Fähigkeiten zu erforschen und zu verbessern.
Strg+Z ist die Abkürzung für das Rückgängigmachen auf einer einfachen und „altmodischen" PC-Tastatur, aber sie drückt die Hardcore-Einstellung von Menschen aus, die durch Handeln lernen. In Italien arbeiten wir mit etablierten Skateboard-Marken zusammen und versuchen, unseren kreativen Ansatz in ihren Designprozess einzubringen.
Wir haben mit der Stadt Turin an der kompletten Neugestaltung eines der wichtigsten Plätze im Stadtzentrum, der Piazza Valdo Fusi, zusammengearbeitet, wo wir anstelle eines einfachen „Skateplatz"-Konzepts echte skatebare Einrichtungen schaffen, die als Mehrzweckobjekte konzipiert sind und von allen genutzt werden können, nicht nur von Skateboardern.
Wir glauben fest daran, dass die Zukunft der Skateanlagen in der Entwicklung von öffentlichen Räumen und Stadtmöbeln liegt.

Ctrl+Z est né en 2006 d'un groupe de personnes ayant une passion commune pour le *skateboard* qui nous inspire chaque jour.
Les essais et les erreurs ne nous sont pas étrangers : le processus de bricolage et d'apprentissage obstiné du *skateboard* nous a permis d'explorer et d'améliorer de nombreux niveaux de connaissances et de compétences.
Ctrl+Z est le raccourci pour annuler sur un clavier de PC basique et « démodé », mais il exprime l'attitude hardcore des personnes qui apprennent en faisant. En Italie, nous collaborons avec des marques de rampes de *skate* bien établies, en essayant d'apporter notre approche créative à leur processus de conception.
Nous avons collaboré avec la ville de Turin sur le réaménagement complet de l'une des principales places du centre-ville, la Piazza Valdo Fusi, où, au lieu d'un simple concept de « place de *skate* », nous créons de véritables installations pour le *skate*, conçues comme des objets polyvalents pouvant être utilisés par tout le monde, et pas seulement par les *skateurs*.
Nous croyons sincèrement que l'avenir des installations de *skate* réside dans le développement des espaces publics et du mobilier urbain.

Ctrl+Z nació en 2006 a partir de un grupo de personas con una pasión común por el *skateboarding* que nos inspira cada día.
El ensayo y error no nos es ajeno: el proceso de DIY y aprendizaje obstinado del *skateboarding* nos ha hecho explorar y mejorar muchos niveles de conocimientos y habilidades.
Ctrl+Z es el atajo para deshacer en un teclado de PC básico y «pasado de moda», pero expresa la actitud *hardcore* de la gente que aprende haciendo. En Italia, colaboramos con marcas de rampas de *skate* bien establecidas, intentando aportar nuestro enfoque creativo a su proceso de diseño.
Hemos estado colaborando con la ciudad de Turín en el rediseño completo de una de las principales plazas del centro de la ciudad, la Piazza Valdo Fusi, donde en lugar de un concepto básico de «plaza *skate*», estamos creando verdaderas instalaciones patinables, diseñadas como objetos polivalentes que pueden ser utilizados por todo el mundo, no sólo por los patinadores.
Realmente creemos que el futuro de las instalaciones para patinar pasa por desarrollar espacios públicos y mobiliario urbano.

AGRATE BRIANZA

ARLES

AGRATE BRIANZA

Client
Comune di Agrate Brianza

Building Company
AG Costruzioni

Area
690 m²

Year
2019

Photos
© Andrea Accattato (drone shots),
Andrea Boido, Matteo Codarri

The intervention area is located inside the Aldo Moro Park: a large green area located in the northwest of the municipality of Agrate Brianza (Italy). On the outermost perimeter, highlighted by the different coloration of the concrete, a path or "pump-track" has been developed that gives the possibility to turn the entire skatepark with a continuous flow. The project arose from the desire of the municipality of Agrate to create a skate park compatible with both the needs of the local skate community and the national standards for skate facilities. The rink was designed with a cross-disciplinary use in mind, allowing it to be used by both beginners and more experienced practitioners. The development of the rink is approximately 690 m² with heights ranging from ground level up to 1.40 m. The shape of the floor plan is adapted to the needs of both beginners and more experienced skaters. The shape of the floor plan is adapted to the pre-existing trees, creating a more sheltered area to the southwest which, with the presence of evergreen trees, favors the use of the track even in the hottest and sunniest months.

Der Interventionsbereich befindet sich im Aldo Moro Park, einer großen Grünfläche im Nordwesten der Gemeinde Agrate Brianza (Italien). Am äußersten Rand, der durch die unterschiedliche Farbgebung des Betons hervorgehoben wird, wurde ein Weg oder „Pumptrack" entwickelt, der die Möglichkeit bietet, den gesamten Skatepark in einem kontinuierlichen Fluss zu befahren. Das Projekt geht auf den Wunsch der Gemeinde Agrate zurück, einen Skatepark zu schaffen, der sowohl den Bedürfnissen der lokalen Skate-Community als auch den nationalen Standards für Skateanlagen entspricht. Aus diesem Grund wurde die Bahn so konzipiert, dass sie sowohl von Anfängern als auch von erfahrenen Skateboardern genutzt werden kann. Die Fläche der Anlage beträgt ca. 690 m², die Höhe reicht vom Boden bis zu 1,40 m. Der Grundriss ist an die Form des Skateparks angepasst. Die Form des Grundrisses ist an den vorhandenen Baumbestand angepasst, so dass im Südwesten ein geschützter Bereich entsteht, der mit den immergrünen Bäumen die Nutzung der Bahn auch in den wärmsten und sonnigsten Monaten begünstigt.

La zone d'intervention est située à l'intérieur du parc Aldo Moro : un grand espace vert au nord-ouest de la municipalité d'Agrate Brianza (Italie). Sur le périmètre extérieur, mis en évidence par les différentes couleurs du béton, un chemin ou « pump-track » a été développé pour permettre de faire tourner l'ensemble du skatepark avec un flux continu. Le projet est né de la volonté de la municipalité d'Agrate de créer un skatepark compatible à la fois avec les besoins de la communauté locale des skateurs et avec les normes nationales en matière d'installations de skate. Pour cette raison, la patinoire a été conçue avec une utilisation transversale, permettant aux débutants comme aux skateurs plus expérimentés de l'utiliser. La surface de la patinoire est d'environ 690 m², avec des hauteurs allant du niveau du sol à 1,40 m. Le plan est adapté à la forme du skatepark. La forme du plan est adaptée aux arbres préexistants, créant une zone plus abritée au sud-ouest qui, avec la présence d'arbres à feuilles persistantes, favorise l'utilisation de la piste même pendant les mois les plus chauds et les plus ensoleillés.

La zona de intervención se encuentra dentro del Parque Aldo Moro: una gran zona verde situada al noroeste del municipio de Agrate Brianza (Italia). En el perímetro más exterior, resaltado por la diferente coloración del hormigón, se ha desarrollado un camino o «pump-track» que da la posibilidad de girar todo el skatepark con un flujo continuo. El proyecto surge del deseo del municipio de Agrate de crear una pista de skate compatible tanto con las necesidades de la comunidad local de skaters como con las normas nacionales para instalaciones de skate. Por este motivo, la pista se diseñó pensando en un uso transversal, que permitiera ser utilizada tanto por principiantes como por practicantes más experimentados. El desarrollo de la pista es de aproximadamente 690 m² con alturas que van desde el nivel cero del suelo hasta 1,40 m. La forma de la planta se adapta a los árboles preexistentes, creando una zona más resguardada al suroeste que, con la presencia de árboles de hoja perenne, favorece el uso de la pista incluso en los meses más calurosos y soleados.

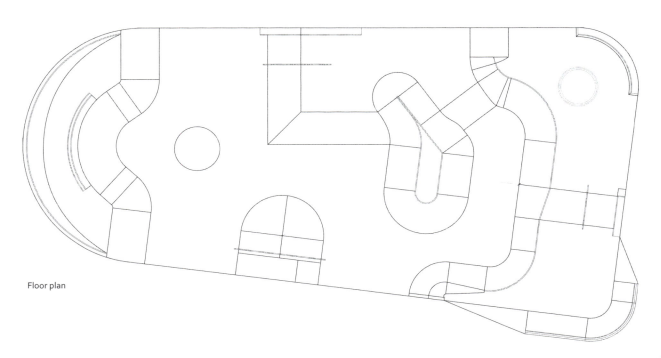

Floor plan

ARLES

Client
Museo LUMA Arles

Building Company
Vulcano Skateparks

Area
400 m²

Year
2021

Photos
© Enrico Gorrea, Luka Melloni, Niels Arribart, Baptiste Buisson

On the day of Easter 2021 the artist Koo Jeong A called us, asking us if in two months (the opening date of the LUMA museum) it would be possible to replicate the piece we made together with her the previous year in Milan.

The Korean artist works on the reinvention of spaces through participation: she explores the importance of physical interaction in an increasingly digital world through forms, experiences and color: it is based on the idea of play and performance as essential elements of contemporary culture.

It has been one of our most complicated and difficult projects. Together with Vulcano Skateparks, we had to use polystyrene so that the roof could support the weight of a concrete bowl, using two pumps to project the concrete of the curves and the vertical walls in a huge work where everyone is racing against the clock to finish.

ENDBOSS

ROBIN HÖNING
Partner

IVANA ROHR
Partner

LENNIE BURMEISTER
Partner

www.endboss.eu

We are an interdisciplinary studio of spatial questions and answers at all scales. We come from architecture, urbanism, art, literature, social sciences, open space planning and construction. We understand cities and their design as a complex, multi-layered web of different uses and needs that become vibrant and sustainable urban spaces through the integration of all stakeholders. That is why we specialise in uncertain terrains and shy away from routine and methods, because the unforeseen and the unscheduled are crucial in planning and coexistence. We find this wild freedom in our roots in skateboarding and the DIY movement. Our aim is to establish this freedom also in public space. Like people living in vibrant urban communities, a "skateable" city should be free of rules, complex and creatively possible in any design. This also applies to any skatepark.

Wir sind ein interdisziplinäres Studio für Raumfragen und -antworten in allen Maßstäben. Wir kommen aus Architektur, Stadtplanung, Kunst, Literatur, Sozialwissenschaften, Freiraumplanung und Bau. Wir sehen Städte und die Gestaltung dieser als ein komplexes und vielschichtiges Geflecht aus unterschiedlichen Nutzungen und Bedürfnissen, die durch die Integration aller Beteiligten zu lebendigen und nachhaltigen urbanen Räumen werden. Wir haben uns deshalb auf unsicheres Terrain spezialisiert und vermeiden Routine und Methoden, denn Unvorhersehbarkeit und Unprogrammiertes sind entscheidend in Planung und Zusammenleben. Diese wilde Freiheit finden wir in unseren Wurzeln dem Skateboarding und der DIY-Bewegung. Unser Ziel ist es diese Freiheit auch im öffentlichen Raum zu etablieren. Wie die Menschen, die in lebendigen urbanen Gemeinschaften leben, sollte auch eine skatebare Stadt frei von Standards, komplex und kreativ in jeder Formgebung möglich sein. Dies gilt auch für jeden Skatepark.

Nous sommes un studio interdisciplinaire de questions et de réponses spatiales à toutes les échelles. Nous venons de l'architecture, de l'urbanisme, de l'art, de la littérature, des sciences sociales, de la planification des espaces ouverts et de la construction. Nous comprenons les villes et leur conception comme un réseau complexe et multicouche d'utilisations et de besoins différents qui deviennent des espaces urbains dynamiques et durables grâce à l'intégration de toutes les parties prenantes. C'est pourquoi nous nous spécialisons dans les terrains incertains et fuyons la routine et les méthodes, parce que l'imprévu et le non programmé sont cruciaux dans la planification et la coexistence. Nous trouvons cette liberté sauvage dans nos racines, le *skateboard* et le mouvement DIY. Notre objectif est d'établir cette liberté également dans l'espace public. À l'instar des personnes vivant dans des communautés urbaines dynamiques, une ville « skateable » doit être exempte de règles, complexe et créative dans toutes ses conceptions. Cela s'applique également à tout *skatepark*.

Somos un estudio interdisciplinar de preguntas y respuestas espaciales a todas las escalas. Procedemos de la arquitectura, el urbanismo, el arte, la literatura, las ciencias sociales, la planificación de espacios abiertos y la construcción. Entendemos las ciudades y su diseño como un entramado complejo y multi capa de diferentes usos y necesidades que se convierten en espacios urbanos vibrantes y sostenibles a través de la integración de todas las partes interesadas. Por eso nos especializamos en terrenos inciertos y huimos de la rutina y los métodos, porque lo imprevisto y lo no programado son cruciales en la planificación y la convivencia. Encontramos esta libertad salvaje en nuestras raíces en el monopatín y el movimiento DIY. Nuestro objetivo es establecer esta libertad también en el espacio público. Al igual que las personas que viven en comunidades urbanas vibrantes, una ciudad «patinable» debe estar libre de normas, ser compleja y creativamente posible en cualquier diseño. Esto también se aplica a cualquier *skatepark*.

BOLIVIA, LA PAZ

SPORTPARK DRESDEN GORBITZ

BOLIVIA, LA PAZ

Client
City of La Paz & Levi's® Skateboarding

Structural Engineer
Rule of thumb

Building Company
A huge crowd of volunteers

Area
2,000 m²

Year
2014

Photos
© Jonathan Mehring

In 2014, we organised the largest participatory construction site in history. With a total of 120 volunteers from 25 nations, we built the largest skatepark in South America at an altitude of 3,800 m in three and a half weeks. The principle of a Builder's Jam is that self-organised construction takes place in a megalomaniacal, invisibly structured and highly productive chaos, without any prior plan. What is special about this way of building – without a plan and without defined responsibilities – is that it creates a certain kind of communication, social interaction and mutual support, based mainly on empathy, that is otherwise unusual on construction sites. This is not to say that things were not hard on site, on the contrary: we threw ourselves into the dust with open hearts, got our hands dirty and moved mountains with a mission that grew together. The result is not only an extraordinary place, but also many friendships all over the world.

2014 haben wir die größte partizipative Baustelle organisiert die es je gegeben hat. Mit insgesamt 120 Freiwilligen aus 25 Nationen haben wir in dreieinhalb Wochen in 3800 m Höhenlage den mit 2000 m² bis dahin größten Skatepark Südamerikas gebaut. Das Prinzip eines Builder's Jam ist es, dass in einem größenwahnsinnigen, unsichtbar strukturierten und hochproduktiven Chaos ohne vorherigen Plan selbstorganisiert gebaut wird. Das Besondere an dieser Art zu bauen - ohne Plan und ohne festgelegte Zuständigkeiten - ist, dass dadurch eine bestimmte Art der Kommunikation, der sozialen Interaktion und der gegenseitigen Unterstützung entsteht, die vor allem auf Empathie beruht, wie sie sonst auf Baustellen unüblich ist. Das heißt nicht, dass es auf der Baustelle nicht rau zu ging - im Gegenteil: Wir haben uns mit offenen Herzen in den Staub geworfen, die Hände schmutzig gemacht und Berge versetzt mit einer gemeinsam wachsenden Mission. Entstanden ist nicht nur ein außergewöhnlicher Ort, sondern auch viele Freundschaften auf der ganzen Welt.

En 2014, nous avons organisé le plus grand chantier participatif de l'histoire. Avec un total de 120 bénévoles issus de 25 nations, nous avons construit le plus grand *skatepark* d'Amérique du Sud à 3 800 m d'altitude en trois semaines et demie. Le principe d'un *Builder's Jam* est que la construction auto-organisée se déroule dans un chaos mégalomaniaque, invisiblement structuré et hautement productif, sans aucun plan préalable. La particularité de cette façon de construire – sans plan et sans responsabilités définies – est qu'elle crée un certain type de communication, d'interaction sociale et de soutien mutuel, basé principalement sur l'empathie, qui est autrement inhabituel sur les chantiers de construction. Cela ne veut pas dire que les choses n'ont pas été difficiles sur le chantier, bien au contraire : nous nous sommes jetés dans la poussière à cœur ouvert, nous nous sommes sali les mains et nous avons déplacé des montagnes avec une mission qui a grandi ensemble. Le résultat n'est pas seulement un lieu extraordinaire, mais aussi de nombreuses amitiés dans le monde entier.

En 2014, organizamos la mayor obra participativa de la historia. Con un total de 120 voluntarios de 25 naciones, construimos en tres semanas y media el mayor *skatepark* de Sudamérica hasta ese momento, a 3.800 m de altitud. El principio de un *Builder's Jam* es que la construcción auto organizada tiene lugar en un caos megalómano, invisiblemente estructurado y altamente productivo, sin ningún plan previo. Lo especial de esta forma de construir —sin un plan y sin responsabilidades definidas— es que crea un cierto tipo de comunicación, interacción social y apoyo mutuo, basado principalmente en la empatía, que de otro modo es inusual en las obras. Esto no quiere decir que las cosas no fueran duras en la obra, al contrario: nos lanzamos al polvo con el corazón abierto, nos ensuciamos las manos y movimos montañas con una misión que creció conjuntamente. El resultado no es sólo un lugar extraordinario, sino también muchas amistades en todo el mundo.

SPORTPARK DRESDEN GORBITZ

Client
EWG- Dresden eG

Structural Engineer
endboss GmbH

Building Companies
GLF Garten- und Landschaftsbau Dresden GmbH, Yamato Living Ramps GmbH

Area
3,000 m²

Year
2022

Photos
© William Veder, Moritz Kotzerke & Christian Behrens, endboss GmbH

The new premises on the Omsewitzer Ring are a multifunctional place for all the inhabitants of the district, with an area of approximately 3,000 m². EWG- Dresden eG and the skating club Dresden Rollt e.V. initiated the redevelopment of the old skating facility. Endboss started planning in spring 2021 in a temporary office directly in the planning area. We organised an artist residence called "I see something you don't see..." to get a different view of the site. For one month, four artists lived on site and investigated the planning environment with the help of artistic methods. The result was that the planning focused more on the community of the place than on a pure skatepark. Various sports, such as skateboarding, BMX, table tennis, street football and basketball, are integrated into the whole. For the building in 2022 by the companies GLF Garten- und Landschaftsbau Dresden GmbH and Yamato Living Ramps GmbH, almost all existing materials were reused.

Die neue Anlage am Omsewitzer Ring ist auf ca. 3.000m² ein multifunktionaler Ort für alle Menschen des Quartiers. Die EWG- Dresden eG und der Skateverein Dresden Rollt e.V. initiierten die Sanierung der alten Skateanlage. Endboss begann mit der Planung im Frühjahr 2021 in einem temporären Büro direkt am Planungsgebiet. Wir organisierten eine Artist Residence mit dem Titel „Ich sehe was, was Du nicht siehst..." um einen anderen Blick auf den Ort zu bekommen. Für jeweils einen Monat lebten vier Künstler:innen vor Ort und beforschten das Planungsumfeld mit Hilfe künstlerischer Methoden. Das Ergebnis legte den Fokus der Planung mehr auf die Gemeinschaftlichkeit des Ortes, als auf einen reinen Skatepark. Diverse Sportarten, wie Skateboarding, BMX, Tischtennis, Streetsoccer und Basketball sind übergreifend integriert. Bei der Realisation 2022 durch die Firmen GLF Garten- und Landschaftsbau Dresden GmbH und Yamato Living Ramps GmbH wurden nahezu alle bestehenden Materialien wiederverwendet.

Les nouveaux installations situées sur le Omsewitzer Ring, d'une superficie d'environ 3 000 m², constituent un lieu multifonctionnel pour tous les habitants du quartier. EWG- Dresden eG et le club de patinage Dresden Rollt e.V. ont initié le réaménagement de l'ancienne installation de patinage. Endboss a commencé à planifier au printemps 2021 dans un bureau temporaire situé directement dans la zone de planification. Nous avons organisé une résidence d'artistes intitulée « Je vois quelque chose que vous ne voyez pas... » afin d'obtenir un point de vue différent sur le site. Pendant un mois, quatre artistes ont vécu sur place et ont étudié l'environnement de planification à l'aide de méthodes artistiques. Le résultat a été que le projet s'est davantage concentré sur la communauté du lieu que sur un simple *skatepark*. Différents sports, tels que le *skateboard*, le BMX, le tennis de table, le football de rue et le basket-ball, sont intégrés à l'ensemble. Pour la réalisation en 2022 par les entreprises GLF Garten- und Landschaftsbau Dresden GmbH et Yamato Living Ramps GmbH, presque tous les matériaux existants ont été réutilisés.

Las nuevas instalaciones de Omsewitzer Ring son un lugar multifuncional para todos los habitantes del barrio, con una superficie aproximada de 3.000 m². EWG- Dresden eG y el club de patinaje Dresden Rollt e.V. iniciaron la remodelación de la antigua instalación de patinaje. Endboss comenzó a planificar en la primavera de 2021 en una oficina temporal directamente en la zona de planificación. Organizamos una residencia de artistas llamada «Veo algo que tú no ves...» para obtener una visión diferente del lugar. Durante un mes, cuatro artistas vivieron *in situ* e investigaron el entorno de planificación con ayuda de métodos artísticos. El resultado hizo que la planificación se centrara más en la comunidad del lugar que en un parque de *skate* puro. Varios deportes, como el monopatín, la BMX, el tenis de mesa, el fútbol callejero y el baloncesto, se integran en el conjunto. Para la realización en el 2022, a cargo de las empresas GLF Garten- und Landschaftsbau Dresden GmbH y Yamato Living Ramps GmbH, se reutilizaron casi todos los materiales existentes.

GOODCRETE

Goodcrete are a young team of skilled craftsmen and enthusiastic skaters. We work closely with our network of architects, independent planning offices and local suppliers.

www.good-crete.com

GoodCrete is the up-and-coming innovator behind the in-situ concrete skateparks that have been popping up all over Germany. These urban havens break free from digital distractions and for people of all ages.
Their crew of experienced craftsmen are skaters themselves, and they team up with architects, planners, and local suppliers to make stuff happen.
The old skatepark in Riesa, a small town in Saxony, Germany, holds a special place in founder Steve Werner's heart. It was his ultimate hangout, where he formed deep friendships that last until today and made precious memories. Inspired by the life-changing impact of those moments, Steve launched GoodCrete with one mission: to create the same opportunities for today's youth.
Now, GoodCrete combines its love for skateboarding with urban aesthetics and municipal development. Their goal is to construct killer skateparks that ignite personal growth and foster vibrant connections in communities.

GoodCrete ist der Innovator hinter den außergewöhnlichen Ortbeton-Skateparks, die überall in Deutschland entstehen. Diese urbanen Oasen sind frei von digitalen Ablenkungen, für Sportler jeden Alters.
Das Team besteht aus erfahrenen Handwerkern, die selbst begeisterte Skater sind und mit Architekten, Planern und lokalen Lieferanten zusammenarbeiten, um die Anlagen zu realisieren.
Der alte Skatepark in Riesa, einer kleinen Stadt in Sachsen, hat einen besonderen Platz im Herzen von Gründer Steve Werner. Es war der Ankerpunkt, an dem tiefe Freundschaften entstanden, die bis heute andauern, und wertvolle Erinnerungen geschaffen wurden. Inspiriert von diesen Momenten, gründete Steve GoodCrete mit einer Mission: die gleichen Möglichkeiten für die Jugend von heute zu schaffen.
Heute verbindet GoodCrete seine Liebe zum Skateboarding mit urbaner Ästhetik und Gemeindeentwicklung. Ihr Ziel ist es, Skateparks zu bauen, die die persönliche Entwicklung fördern und lebendige Verbindungen in der Gemeinschaft schaffen.

GoodCrete est l'innovateur à l'origine des extraordinaires *skateparks* en béton qui fleurissent dans toute l'Allemagne. Ces oasis urbaines, exemptes de distractions numériques, sont destinées aux athlètes de tous âges.
L'équipe est composée d'artisans expérimentés, passionnés de *skateboard*, qui travaillent avec des architectes, des urbanistes et des fournisseurs locaux pour réaliser les installations.
L'ancien *skatepark* de Riesa, une petite ville de Saxe, occupe une place particulière dans le cœur du fondateur Steve Werner. C'est le point d'ancrage où se sont nouées de profondes amitiés qui perdurent encore aujourd'hui et où se sont créés de précieux souvenirs. Inspiré par ces moments, Steve a fondé GoodCrete avec une mission : créer les mêmes opportunités pour les jeunes d'aujourd'hui.
Aujourd'hui, GoodCrete combine son amour du *skateboard* avec l'esthétique urbaine et le développement communautaire. Son objectif est de construire des *skateparks* qui favorisent le développement personnel et créent des liens communautaires dynamiques.

GoodCrete es el innovador que está detrás de los extraordinarios *skateparks* de hormigón que están surgiendo por toda Alemania. Estos oasis urbanos, libres de distracciones digitales, son para deportistas de todas las edades.
El equipo está formado por artesanos experimentados que son patinadores entusiastas y trabajan con arquitectos, planificadores y proveedores locales para realizar las instalaciones.
El antiguo *skatepark* de Riesa, una pequeña ciudad de Sajonia, ocupa un lugar especial en el corazón del fundador Steve Werner. Fue el punto de anclaje donde se forjaron profundas amistades que perduran hasta hoy y se crearon recuerdos preciosos. Inspirado por estos momentos, Steve fundó GoodCrete con una misión: crear las mismas oportunidades para los jóvenes de hoy.
Hoy, GoodCrete combina su amor por el monopatín con la estética urbana y el desarrollo comunitario. Su objetivo es construir *skateparks* que fomenten el desarrollo personal y creen conexiones comunitarias vibrantes.

BAUTZEN SKATEPARK

SUGAR MOUNTAIN MÜNCHEN

BAUTZEN SKATEPARK

Client
Bautzen/ Bautzener Wohnungsbaugesellschaft GmbH

Structural Engineer
Endboss

Area
650 m²

Year
2021

Photos
© William Veder, Goodcrete

An independent planning office designed a flowing street park that allows agile riding sequences, but also the approach to elements reminiscent of classic street riding.
In the new Bautzen Youth Adventure Centre - initiated by the local housing association - a 650 m² skatepark was built next to a basketball court. A cycling facility is still to be built.
In addition, a "bowl" was installed, a popular feature and an ode to the origin of the sport, which used to be played in California in empty pools with rounded side walls.

Von einem unabhängigen Planungsbüro wurde ein Flow- und Streetpark konzipiert, der fließende Fahrsequenzen, aber auch das Anfahren von Elementen ermöglicht, die an das klassische Fahren auf den Straßen erinnern.
Im neuen Bautzener Jugenderlebniszentrum entstand – initiiert von der örtlichen Wohnungsgesellschaft – neben einem Basketballfeld ein 650 m² großer Skatepark, eine Radsportanlage soll ebenfalls noch gebaut werden.
Hinzu kam eine sogenannte "Bowl", ein beliebtes Element und eine Ode an den Ursprung der Sportart, die in Kalifornien oft in leeren Swimmingpools mit abgerundeten Seitenwänden betrieben wurde.

Un bureau d'études indépendant a conçu un *street park* fluide qui permet des séquences de *ride* agiles, mais aussi l'approche d'éléments rappelant le street riding classique.
Dans le nouveau centre d'aventure pour les jeunes de Bautzen – initié par l'association locale de logement – un *skatepark* de 650 m² a été construit à côté d'un terrain de basket. Une piste cyclable doit encore être construite.
En outre, un « bowl » a été installé, un élément populaire et une ode à l'origine de ce sport, qui était pratiqué en Californie dans des piscines vides aux parois arrondies.

Una oficina de planificación independiente diseñó un parque fluido y callejero que permite secuencias de conducción ágiles, pero también el acercamiento a elementos que recuerdan a la conducción clásica en la calle.
En el nuevo Centro Juvenil de Aventuras de Bautzen —iniciado por la asociación local de la vivienda— se construyó una pista de *skate* de 650 m² junto a una cancha de baloncesto. Está pendiente de construcción una instalación para ciclistas.
Además, se instaló un «bowl», un elemento popular y una oda al origen de este deporte, que solía practicarse en California en piscinas vacías con paredes laterales redondeadas.

SUGAR MOUNTAIN MÜNCHEN

Client
Sugar Mountain

Structural Engineer
Urbanum- Design, Goodcrete

Area
700 m²

Year
2021

Photos
© Goodcrete

The non-profit art and cultural project "Sugar Mountain" in Obersendling is an outstanding example of how a positive cultural impulse can succeed in urban development. The 9,500 m² area includes an assembly hall and areas for basketball, table tennis, climbing and roller sports. Pop-up walls and living sculptures also contribute to a special artistic experience. In total, the area offers space for 5,000 to 7,000 people. The in-situ concrete work in the outdoor sports area was carried out by GoodCrete. The challenge was to create enough space for as many skaters as possible in the skatepark on a surface of 55 x 20m. The planning was solved by the generous and well thought-out placement of individual elements. In keeping with the artistic approach, the floor coverings of the basketball, table tennis and skating areas were chromatically contrasted by artists. In this way, the different sports areas merge into a modern cityscape.

Das gemeinnützige Kunst- und Kulturprojekt „Sugar Mountain" in Obersendling ist ein herausragendes Beispiel dafür, wie ein positiver kultureller Impuls in der Stadtentwicklung gelingen kann. Das 9.500m² große Areal umfasst eine Veranstaltungshalle und Bereiche für Basketball, Tischtennis, Kletter- und Rollsport. Zu einem besonderen Kunsterlebnis tragen zudem Pop-up-Wände und lebende Skulpturen bei. Insgesamt bietet die Fläche, Platz für 5.000 bis 7.000 Personen. Die Ortbetonarbeiten im Außensportbereich wurde durch GOODCRETE realisiert. Die Herausforderung war es, im Skatepark auf einer Fläche von 55 x 20 Metern genügend Raum für möglichst viele Rollsportler*Innen zu schaffen. Im Planungskonzept wurde das durch die großzügige Platzierung und durchdachte Auswahl der einzelnen Elemente gelöst. Entsprechend des Kunstanspruches wurden die Bodenbeläge der Basketball-, Tischtennis und Skate-Areas von Künstler*innen bunt voneinander abgesetzt. So fügen sich die einzelnen Sportbereiche zu einem modernen, urbanen Stadtbild zusammen.

Le projet artistique et culturel à but non lucratif « Sugar Mountain » à Obersendling est un exemple remarquable de la manière dont une impulsion culturelle positive peut réussir dans le développement urbain. La zone de 9 500 m² comprend une salle de réunion et des espaces pour le basket-ball, le tennis de table, l'escalade et les sports à roulettes. Des murs pop-up et des sculptures vivantes contribuent également à une expérience artistique particulière. Au total, la zone offre de l'espace pour 5 000 à 7 000 personnes. Les travaux de bétonnage *in situ* de la zone sportive extérieure ont été réalisés par GoodCrete. Le défi consistait à créer suffisamment d'espace pour le plus grand nombre possible de patineurs dans le *skatepark* sur une surface de 55 x 20 m. La planification a été résolue par un placement généreux et bien pensé des différents éléments. Conformément à l'approche artistique, les revêtements de sol des aires de basket-ball, de tennis de table et de patinage ont été chromatiquement contrastés par des artistes. De cette manière, les différents espaces sportifs se fondent dans un paysage urbain moderne.

El proyecto artístico y cultural sin ánimo de lucro «Sugar Mountain», en Obersendling, es un ejemplo sobresaliente de cómo puede triunfar un impulso cultural positivo en el desarrollo urbano. La superficie de 9.500 m² incluye un salón de actos y zonas para practicar baloncesto, tenis de mesa, escalada y deportes sobre patines. Paredes emergentes y esculturas vivientes contribuyen también a una experiencia artística especial. En total, la zona ofrece espacio para entre 5.000 y 7.000 personas. La obra de hormigón *in situ* de la zona deportiva exterior fue realizada por GoodCrete. El reto consistía en crear espacio suficiente para el mayor número posible de patinadores en la pista de *skate*, en una superficie de 55 x 20 m. La planificación se resolvió mediante la colocación generosa y bien pensada de elementos individuales. En consonancia con el enfoque artístico, los revestimientos del suelo de las zonas de baloncesto, tenis de mesa y patinaje fueron contrastados cromáticamente por artistas. De este modo, las distintas zonas deportivas se funden en un paisaje urbano moderno.

HENRY TEIXEIRA
ARQUITETURA

HENRY TEIXEIRA

@htarquitetura

Architect graduated in Architecture and Urbanism in 2004 from the Federal University of Ceará – UFC, while still a student, he obtained, as a team, an honorable mention at the 1st Bienal "José Miguel Aroztegui" – Latin American Competition of Student Projects of Bioclimatic Architecture. Since graduation, he has been working in the local market in the most varied areas such as corporate, luxury residential, commercial, advertising agency, restaurants, residential condominiums, design, shopping malls, subdivisions, among others. It also invests in real estate development, designing and incorporating more than 60 housing units for financing in the government popular housing program of the Brazilian federal government. In the last years he has been working as an architect for the municipal government of Fortaleza, state of Ceará, Brazil. With this period as a focus on education projects as well as urban and sports solutions that are often complementary to these large projects. Initially, worked as a member of the main project team of the municipal infrastructure secretariat and subsequently as a service provider, designing and building skate parks both for the public administration and for the private market.

Der Architekt schloss 2004 sein Studium der Architektur und des Städtebaus an der Bundesuniversität von Ceará - UFC ab. Noch während seines Studiums erhielt er als Team eine lobende Erwähnung bei der ersten Biennale „José Miguel Aroztegui" - Lateinamerikanischer Wettbewerb für Studentenprojekte für bioklimatische Architektur. Seit seinem Abschluss arbeitet er auf dem lokalen Markt in den verschiedensten Bereichen wie Unternehmen, Luxuswohnungen, Handel, Werbeagenturen, Restaurants, Eigentumswohnungen, Design, Einkaufszentren und Wohnanlagen, um nur einige zu nennen. Er investiert auch in die Entwicklung von Immobilien, das Design und die Einbeziehung von mehr als 60 Wohneinheiten zur Finanzierung im Rahmen des beliebten Wohnungsbauprogramms der brasilianischen Bundesregierung. Er als Architekt für die Stadtverwaltung von Fortaleza im brasilianischen Bundesstaat Ceará und konzentrierte sich dabei auf Bildungsprojekte sowie auf städtebauliche und sportliche Lösungen, die oft ergänzend zu Großprojekten eingesetzt werden. Er arbeitete als Mitglied des Hauptprojektteams des städtischen Infrastruktursekretariats und später als Dienstleister, der Skateparks sowohl für die öffentliche Verwaltung als auch für den privaten Markt entwarf und baute.

Architecte diplômé en architecture et urbanisme en 2004 par l'Université fédérale du Ceará - UFC, alors qu'il était encore étudiant, il a obtenu, en équipe, une mention honorable à la 1ère Biennale « José Miguel Aroztegui » - Concours latino-américain de projets d'étudiants en architecture bioclimatique. Depuis l'obtention de son diplôme, il travaille sur le marché local dans les domaines les plus variés tels que l'immobilier d'entreprise, l'immobilier résidentiel de luxe et commercial, les agences de publicité, les restaurants, les condominiums résidentiels, le design, les centres commerciaux et les lotissements, entre autres. Il investit également dans le développement immobilier, la conception et l'incorporation de plus de 60 unités de logement pour le financement du programme de logement populaire du gouvernement. Il a travaillé en tant qu'architecte pour le gouvernement municipal de Fortaleza, dans l'État de Ceará, au Brésil, sur des projets éducatifs ainsi que sur des solutions urbaines et sportives. Il a d'abord travaillé en tant que membre de l'équipe de projet principale du secrétariat municipal des infrastructures, puis en tant que prestataire de services, concevant et construisant des *skateparks* à la fois pour l'administration publique et le marché privé.

Arquitecto graduado en Arquitectura y Urbanismo en 2004 por la Universidad Federal de Ceará - UFC, siendo aún estudiante, obtuvo, en equipo, mención de honor en la 1ª Bienal «José Miguel Aroztegui» —Concurso Latinoamericano de Proyectos Estudiantiles de Arquitectura Bioclimática. Desde su graduación, trabaja en el mercado local en las más variadas áreas como corporativo, residencial de lujo, comercial, agencia de publicidad, restaurantes, condominios residenciales, diseño, centros comerciales y fraccionamientos, entre otros. También invierte en el desarrollo de bienes raíces, el diseño y la incorporación de más de 60 unidades de vivienda para la financiación en el programa de vivienda popular del gobierno federal brasileño. En los últimos años ha trabajado como arquitecto para el gobierno municipal de Fortaleza, estado de Ceará, Brasil, centrándose en proyectos de educación, así como en soluciones urbanas y deportivas que a menudo son complementarias a grandes proyectos. Inicialmente, trabajó como miembro del equipo principal de proyectos de la secretaría municipal de infraestructuras y, posteriormente, como proveedor de servicios, diseñando y construyendo *skateparks* tanto para la administración pública como para el mercado privado.

SKATEPARK AV. BEIRA MAR

SKATEPARK AV. BEIRA MAR

Client
City of Fortaleza, Department of Infrastructure

Structural Engineer
Lucas Façanha de Oliveira

Building Companies
Astral Construction, Dad and Rampa Skateparks

Area
2,182.61 m²

Year
2022

Photos
© Felipe Petrovsky

The Skatepark project is located on Náutico beach. The land has gre at landscape potential as well as good native vegetation. One of the main premises adopted in the equipment was to preserve the most relevant trees in order to conserve, as well as provide shade for the practice of the sport throughout the day. The track is divided into 2 spaces, the street plaza and the bowl: the street plaza is the part where various aobstacles simulate different urban elements for the practitioner to perform the maneuvers, having its design slightly modified and reinforced to allow a better performance of the athlete. The project sought to obey the topography of the terrain, subdividing the space into several levels connected by curved or straight transitions, which are interconnected and conducive to the circuit being made with less effort on the part of the athlete, in addition to contemplating the landscape value of the place. The project was selected to run on the "Building of the year 2023" ArchDaily award.

Das Projekt befindet sich am Strand Nautico. Das Gelände verfügt über ein großes landschaftliches Potenzial und eine gute einheimische Vegetation. Eine der Hauptprämissen bei der Einrichtung war die Erhaltung der wichtigsten Bäume, um sie zu schützen und Schatten für die Ausübung des Sports während des ganzen Tages zu spenden. Die Eisbahn ist in zwei Bereiche unterteilt, die Street Plaza und die Bowl: Die Street Plaza ist der Teil, in dem mehrere Hindernisse verschiedene städtische Elemente simulieren, damit die Skater ihre Manöver ausführen können. Sie wurde leicht modifiziert und verstärkt, um eine bessere Leistung der Athleten zu ermöglichen. Bei dem Projekt wurde versucht, die Topografie des Geländes zu berücksichtigen, indem der Platz in mehrere Ebenen unterteilt wurde, die durch gebogene oder gerade Übergänge miteinander verbunden sind und es dem Athleten ermöglichen, den Parcours mit weniger Anstrengung zu absolvieren, wobei auch der landschaftliche Wert des Ortes berücksichtigt wurde. Das Projekt kam in die engere Wahl für die Auszeichnung „Building of the Year 2023" von ArchDaily.

Le projet est situé sur la plage Nautico. Le terrain a un grand potentiel paysager, ainsi qu'une bonne végétation indigène. L'une des principales prémisses adoptées dans l'équipement a été de préserver les arbres les plus importants afin de conserver et de fournir de l'ombre pour la pratique du sport tout au long de la journée. La patinoire est divisée en deux espaces, la place de la rue et le *bowl* : la place de la rue est la partie où plusieurs obstacles simulent différents éléments urbains pour que le patineur effectue les manœuvres, ayant son design légèrement modifié et renforcé pour permettre une meilleure performance de l'athlète. Le projet a cherché à obéir à la topographie du terrain, en subdivisant l'espace en plusieurs niveaux reliés par des transitions courbes ou droites, qui sont interconnectées et permettent au circuit d'être effectué avec moins d'effort par l'athlète, tout en tenant compte de la valeur paysagère de l'endroit. Le projet a été sélectionné pour le prix « Building of the Year 2023 » (Bâtiment de l'année 2023) décerné par ArchDaily.

El proyecto está situado en la playa del Náutico. El terreno tiene un gran potencial paisajístico, así como una buena vegetación autóctona. Una de las principales premisas adoptadas en el equipamiento fue preservar los árboles más relevantes con el fin de conservar, así como proporcionar sombra para la práctica del deporte durante todo el día. La pista está dividida en dos espacios, la plaza de la calle y el *bowl*: la plaza de la calle es la parte donde varios obstáculos simulan diferentes elementos urbanos para que el patinador realice las maniobras, teniendo su diseño ligeramente modificado y reforzado para permitir un mejor desempeño del atleta. El proyecto buscó obedecer a la topografía del terreno, subdividiendo el espacio en varios niveles conectados por transiciones curvas o rectas, que se interconectan y propician que el circuito sea realizado con menor esfuerzo por parte del atleta, además de contemplar el valor paisajístico del lugar. El proyecto fue seleccionado para optar al premio «Edificio del año 2023» de ArchDaily.

Site plan

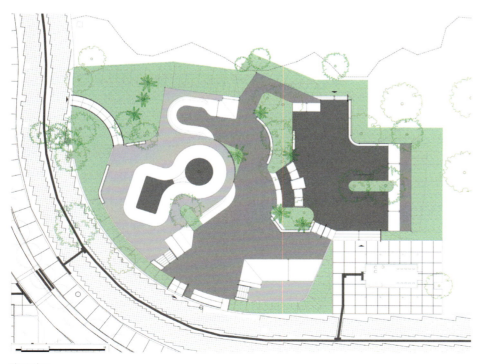

Floor plan

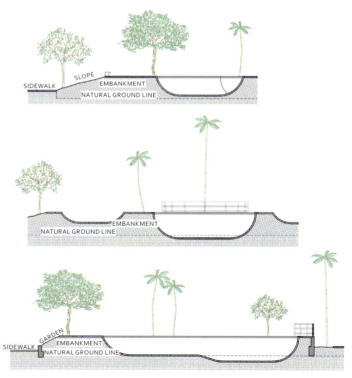

Sections

INOUT CONCEPT

LAO AND LUCAS

www.inoutconcept.com

The Inout Concept agency, based in the French Alps, was created in 2016 with the desire to associate architecture and skateboarding. Its founder, architect Lao Chazelas, is particularly interested in the uniqueness of the site of each project. The sculptural aspect of these skateparks is the result of a reading and feeling of the existing spaces.

The influence of curved skateboarding is particularly noticeable in the projects. The work of the mock-up, a tactile and visual design method, allows more organic forms to be modelled where computer technology is limited. The subsequent arrival of project manager Lucas Aubourg, a street enthusiast, has led to an evolution of the projects, which are no longer limited to flowparks and bowls.

Die Agentur Inout Concept mit Sitz in den französischen Alpen wurde 2016 mit dem Wunsch gegründet, Architektur und Skateboarding zu verbinden. Ihr Gründer, der Architekt Lao Chazelas, interessiert sich besonders für die Einzigartigkeit des Standorts jedes Projekts. Der skulpturale Aspekt dieser Skateparks ist das Ergebnis einer Lesung und eines Gefühls für die bestehenden Räume.

Der Einfluss des gekrümmten Skates ist besonders in den Projekten spürbar. Die Arbeit am Modell, eine taktile und visuelle Designmethode, ermöglicht es, organischere Formen dort zu modellieren, wo die Computertechnologie begrenzt ist. Die spätere Ankunft des Projektleiters Lucas Aubourg, ein begeisterter Street-Skater, hat zu einer Weiterentwicklung der Projekte geführt, die sich nicht mehr nur auf Flowparks und Bowls beschränken.

L'agence INOUT Concept basée dans les Alpes françaises a été créée en 2016 avec le désir d'associer l'architecture et le *skateboard*. Son fondateur, l'architecte Lao Chazelas, s'est intéressé particulièrement à la singularité des lieux de chaque projet. L'aspect sculptural de ces *skateparks* est le fruit d'une lecture et d'un ressenti des espaces existants.

L'influence du *skate* de courbe se ressent particulièrement dans les projets. Le travail de maquette, méthode de conception à la fois tactile et visuelle, permet de modéliser des formes plus organiques là où l'informatique est limitée. L'arrivée plus tardive du chef de projet Lucas Aubourg, amateur de *street*, amène aujourd'hui une évolution des projets qui ne s'arrêtent plus seulement qu'aux *flowparks* et aux *bowls*.

La agencia Inout Concept, con sede en los Alpes franceses, se creó en 2016 con el deseo de asociar arquitectura y *skateboarding*. Su fundador, el arquitecto Lao Chazelas, se interesa especialmente por la singularidad del emplazamiento de cada proyecto. El aspecto escultórico de estos *skateparks* es el resultado de una lectura y un sentimiento de los espacios existentes.

La influencia del *skate* curvo se deja sentir especialmente en los proyectos. El trabajo de la maqueta, un método de diseño táctil y visual, permite modelar formas más orgánicas allí donde la tecnología informática es limitada. La posterior llegada del jefe de proyecto Lucas Aubourg, un apasionado de la calle, ha propiciado una evolución de los proyectos que ya no se limitan a *flowparks* y *bowls*.

BOISSY-LE-CHATEL

SEIGNOSSE-LE-PENON

BOISSY LE CHATEL

Client
Galleria Continua

Building Companies
Vulcano, Constructo, MBL, Camille Frechou, David Apheceix

Area
600 m²

Year
2019

Photos
© Max Verret, Stefane Ruchaud

Galleria Continua is a prestigious contemporary art gallery located in a former paper factory. This project aims to reactivate a disused railway junction that connected the entrance to the site with the warehouses to turn it into a "skateable path". The rails used to run through a small wooded park where the vegetation made the path disappear. The concept consists of revealing and accentuating the spaces created by the greenery along this 150 m long axis by creating organic forms in concrete. Each curve exaggerates the successive contraction/dilation movement felt when walking along the route. It is a design in situ, thought out as it progresses. The project also returns to the origins of skateboarding and the appropriation of pre-existing urban spaces. The aim is not to reproduce standardised obstacles, but on the contrary, to create new forms to stimulate the skateboarder's creativity. The work lacks all the metallic elements usual in skateparks in order to enhance the elegance of the concrete.

Die Galleria Continua ist eine renommierte Galerie für zeitgenössische Kunst in einer alten Papierfabrik. Dieses Projekt zielt darauf ab, einen stillgelegten Eisenbahnknotenpunkt wiederzubeleben, der den Eingangsbereich mit den Lagern verband, um ihn in einen „befahrbaren Weg" zu verwandeln. Die Schienen durchquerten einen kleinen bewaldeten Park, in dem die Vegetation ihre Spur verschwinden ließ. Das Konzept besteht darin, die vom Grün entlang dieser 150 m langen Achse gezeichneten Räume zu enthüllen und zu betonen, indem organische Formen aus Beton geschaffen werden. Jede Kurve übertreibt die aufeinanderfolgende Bewegung von Kontraktion/Dilatation, die man beim Gehen entlang der Strecke spürt. Es handelt sich um ein Vor-Ort-Design, das sich entwickelt, während es entsteht. Es geht nicht darum, standardisierte Hindernisse zu reproduzieren, sondern im Gegenteil, neue Formen zu schaffen, um die Kreativität der Skater zu stimulieren. Das Werk verzichtet auf alle üblichen metallischen Elemente in Skateparks, um die Eleganz des Betons zu betonen.

La Galleria Continua est une prestigieuse galerie d'art contemporain implanté dans une ancienne fabrique de papier. Il s'agit dans ce projet de réactiver en « cheminement skateable » une bifurcation de voie ferrée, aujourd'hui désaffectée, qui connectait l'entrée du site aux entrepôts. Les rails traversaient un petit parc arboré où la végétation faisait disparaitre son tracé. Le concept consiste à révéler et accentuer les espaces dessinés par la végétation le long de cet axe de 150 m de long en créant des formes organiques en béton. Chaque courbe exagère le mouvement de contraction / dilatation successive ressentie quand on parcourt le tracé. C'est une conception in-situe, pensée au fur et à mesure de son avancée. Le projet revient aussi aux origines du *skateboard* et à l'appropriation des espaces urbains préexistants. Il ne s'agit pas de reproduire des obstacles standardisés, mais au contraire de créer des formes nouvelles pour susciter la créativité du *skateur*. L'ouvrage est dénué de tous éléments métalliques courant dans les *skateparks* pour sublimer l'élégance du béton.

Galleria Continua es una prestigiosa galería de arte contemporáneo situada en una antigua fábrica de papel. Este proyecto pretende reactivar un nudo ferroviario en desuso que conectaba la entrada del recinto con los almacenes para convertirlo en un «sendero patinable». Los raíles atravesaban un pequeño parque arbolado donde la vegetación hacía desaparecer su trazado. El concepto consiste en revelar y acentuar los espacios dibujados por el verde a lo largo de este eje de 150 m de longitud creando formas orgánicas en hormigón. Cada curva exagera el movimiento sucesivo de contracción/dilatación que se siente al caminar por el recorrido. Se trata de un diseño *in situ*, pensado a medida que avanza. El proyecto también vuelve a los orígenes del monopatín y a la apropiación de espacios urbanos preexistentes. No se trata de reproducir obstáculos estandarizados, sino al contrario, de crear nuevas formas para estimular la creatividad del *skater*. La obra carece de todos los elementos metálicos habituales en los *skateparks* para realzar la elegancia del hormigón.

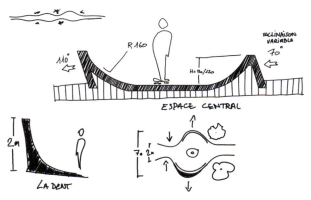

Sketches

SEIGNOSSE-LE-PENON

Client
City of Seignosse

Building Company
Vulcano Skateparks

Area
745 m²

Year
2019

Photos
© Greg Poissonier

The town of Seignosse borders the dunes that separate it from the sea. The skatepark is built in this context between the urban landscape and the natural landscape. The work of integrating the project into this particular site had to underline this border and respect its identity. The omnipresent surfing culture has influenced the lines of the project to the point of reproducing the undulations that form its playing field. The organic formal language of the work thus refers to the shapes of the waves and the sand. A progressive path naturally leads the skater to a cradle similar to and as intimidating as the tubes of the waves that the local surfers make their own. Here, the dune tries to claim its rights over the urbanism and humans find it hard to contain it. In fact, the wind constantly blows sand towards the city. In this hostile environment, concrete waves protect the skatepark. To symbolically mark this phenomenon, the concrete, occasionally colored in sandy tones, subtly conquers the grey, more urban concrete.

Die Stadt Seignosse erstreckt sich entlang der Dünen, die sie vom Meer trennen. Der Skatepark wird in diesem Kontext zwischen städtischer und natürlicher Landschaft errichtet. Die Integration des Projekts an diesem besonderen Standort sollte diese Grenze hervorheben und ihre Identität respektieren. Die omnipräsente Surfkultur hat die Linien des Projekts so beeinflusst, dass sie die Wellen nachbilden, die ihr Spielfeld formen. Die organische Formensprache des Werks erinnert somit an die Formen von Wellen und Sand. Ein sanfter Weg führt den Skater natürlich zu einer Art Wiege, die genauso beeindruckend ist wie die Rohre der Wellen, die von den lokalen Surfern erobert werden. Hier versucht die Düne, ihre Rechte über die Stadtentwicklung geltend zu machen, und es fällt den Menschen schwer, sie zurückzuhalten. Tatsächlich weht der Wind ständig Sand in die Stadt. In dieser feindlichen Umgebung schützen die Betonwellen den Skatepark. Um dieses Phänomen symbolisch zu markieren, erobert der punktuell in sandigen Tönen gefärbte Beton subtil den urbaneren grauen Beton.

La ville de Seignosse borde les dunes qui la séparent de la mer. C'est dans ce contexte, entre paysage urbain et paysage naturel, que s'inscrit le *skatepark*. Le travail d'intégration du projet dans ce site particulier se devait de souligner cette frontière et de respecter son identité. La culture du *surf* omniprésente a influencé les lignes du projet jusqu'à en reproduire les ondulations qui forment son terrain de jeux. Le langage formel organique de l'oeuvre fait ainsi référence aux formes des vagues et aux formes du sable. Un parcours progressif amène naturellement le skateur vers un « cradle » semblable et aussi intimidant que les tubes des vagues que les surfeurs locaux s'approprient. Ici, la dune essaie de reprendre ses droits sur l'urbanisme et l'humain a du mal à la contenir. En effet, le vent déverse constamment du sable vers la ville. Dans cet environnement hostile, les vagues de béton protègent le *skatepark*. Pour marquer ce phénomène de manière symbolique, les bétons ponctuellement colorés dans des teintes sablées viennent conquérir subtilement le béton gris, plus urbain.

La ciudad de Seignosse bordea las dunas que la separan del mar. El *skatepark* se construye en este contexto entre paisaje urbano y paisaje natural. El trabajo de integración del proyecto en este emplazamiento particular debía subrayar esta frontera y respetar su identidad. La omnipresente cultura del *surf* ha influido en las líneas del proyecto hasta el punto de reproducir las ondulaciones que forman su terreno de juego. El lenguaje formal orgánico de la obra remite así a las formas de las olas y de la arena. Un camino progresivo conduce naturalmente al patinador a una cuna parecida y tan intimidante como los tubos de las olas que los surfistas locales hacen suyas. Aquí, la duna intenta reclamar sus derechos sobre el urbanismo y a los humanos les cuesta contenerla. De hecho, el viento vierte constantemente arena hacia la ciudad. En este entorno hostil, las olas de hormigón protegen el *skatepark*. Para marcar simbólicamente este fenómeno, los hormigones puntualmente coloreados en tonos arenosos conquistan sutilmente el hormigón gris, más urbano.

Concept diagram

139

LA FABRIQUE
SKATEPARK

CYRILL GAY
Founder

www.facebook.com/lafabriqueskatepark
@lafabriqueskatepark

Founded in 2017 by Cyrill Gay, La Fabrique Skatepark is a company specialized in the conception and building of obstacles destined for use in the context of urban action sports: mainly Skateboarding, BMX, inline skating and scootering. With years of experience under it's belt, the company began by subcontracting various projects both in the realm of sporting events as well as for permanent structures. It's in 2021 that the company truly launched it's activity by investing in a proper workshop and a number of tools and equipment allowing for professional-level means of production. The company relies on a team of specialized and experimented collaborators that are chosen depending on qualifications and the needs of each project. La Fabrique Skatepark offers three distinct services. The ability to design a project according to the customer's needs, building the various obstacles and equipment in the workshop and finally setting up the structure whether in the context of an event or a more permanent build. From a simple half-pipe to a complex bowl, designing is an essential part of any project. La Fabrique is specialized in metalworking projects for our concrete skatepark-builder customers.

Das 2017 von Cyrill Gay gegründete Unternehmen La Fabrique Skatepark hat sich auf die Planung und den Bau von Hindernissen für urbane Action-Sportarten spezialisiert: vor allem Skateboarding, BMX, Inline-Skating und Scootering. Im Jahr 2021 nahm das Unternehmen seine Tätigkeit richtig auf, indem es in eine eigene Werkstatt und eine Reihe von Werkzeugen und Ausrüstungen investierte, die es ihm ermöglichen, über professionelle Produktionsmittel zu verfügen. Das Unternehmen verfügt über ein Team von spezialisierten und erfahrenen Mitarbeitern, die je nach den Qualifikationen und Bedürfnissen des jeweiligen Projekts ausgewählt werden. La Fabrique Skatepark bietet drei verschiedene Dienstleistungen an. Die Fähigkeit, ein Projekt nach den Bedürfnissen des Kunden zu entwerfen, die Konstruktion der verschiedenen Hindernisse und Ausrüstungen in der Werkstatt und schließlich die Montage der Struktur, sei es für eine Veranstaltung oder eine dauerhafte Konstruktion. Von einer einfachen Halfpipe bis hin zu einer komplexen Bowl ist das Design ein wesentlicher Bestandteil eines jeden Projekts. La Fabrique hat sich auf Metallbauarbeiten für unsere Kunden aus dem Bereich des Skateparkbaus spezialisiert.

Fondée en 2017 par Cyrill Gay, La Fabrique Skatepark est une entreprise spécialisée dans la conception et la construction d'obstacles destinés à être utilisés dans le cadre des sports d'action urbains : principalement le *Skateboard*, le BMX, le *roller* et la trottinette. C'est en 2021 que l'entreprise a véritablement démarré son activité en investissant dans un véritable atelier et une série d'outils et d'équipements qui lui ont permis de disposer de moyens de production de niveau professionnel. L'entreprise dispose d'une équipe de collaborateurs spécialisés et expérimentés qui sont choisis en fonction des qualifications et des besoins de chaque projet. La Fabrique Skatepark propose trois services différents. La capacité à concevoir un projet en fonction des besoins du client, la construction des différents obstacles et équipements en atelier, et enfin le montage de la structure, qu'il s'agisse d'un événement ou d'une construction plus pérenne. Du simple *half-pipe* au *bowl* complexe, la conception est un élément essentiel de tout projet. La Fabrique est spécialisée dans les projets de métallerie pour nos clients constructeurs de skateparks en béton.

Fundada en 2017 por Cyrill Gay, La Fabrique Skatepark es una empresa especializada en la concepción y construcción de obstáculos destinados a ser utilizados en el contexto de los deportes de acción urbanos: principalmente *Skateboarding*, BMX, patinaje en línea y *scooter*. Fue en 2021 cuando la empresa inició realmente su actividad invirtiendo en un taller adecuado y en una serie de herramientas y equipos que le permitieron disponer de medios de producción de nivel profesional. La empresa cuenta con un equipo de colaboradores especializados y experimentados que se eligen en función de las cualificaciones y las necesidades de cada proyecto. La Fabrique Skatepark ofrece tres servicios distintos. La capacidad de diseñar un proyecto en función de las necesidades del cliente, la construcción de los distintos obstáculos y equipamientos en el taller y, por último, el montaje de la estructura, ya sea en el marco de un evento o de una construcción más permanente. Desde un simple *half-pipe* hasta un *bowl* complejo, el diseño es una parte esencial de cualquier proyecto. La Fabrique está especializada en proyectos de carpintería metálica para nuestros clientes constructores de *skateparks* de hormigón.

REDBULL PARIS CONQUEST

HALFPIPE RENTAL FOR AN EVENT: THE RATS CUP

THE BADYARD

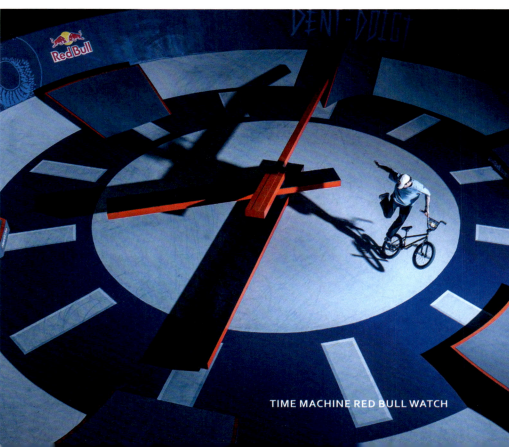

TIME MACHINE RED BULL WATCH

REDBULL PARIS CONQUEST

Client
Hurricane Park

Structural Engineer
La Fabrique Skatepark

Building Company
La Fabrique Skatepark

Area
41+44 m²

Year
2021

Photos
© Pierre-Antoine Lalaude

The event consisted of six emblematic Paris street spots that had to be reproduced on the famous Trocadero Plaza. I was seduced by the leaning house modern art piece of the Gare du Nord train station. I took upon myself to build a replica of the house and the sundial, the latter being one, if not, the most complex obstacle I ever built. The sundial consisted of a sort of wave featuring a hip and a corner, with a radius of 1.35 m at the steepest and going as high as 1.50 m. The transition therefore featured an over-vert section! This radius would change along the wave as did the radius of the coping and to make matters worse the whole thing went up and down! Not to mention the fact that the whole structure had to be assembled and disassembled on the spot, which added another layer of complexity to the project. The leaning house also provided its share of technical difficulties. It featured an over-vert section that featured a radius of 1.27 m at its steepest. This was made possible with the help of Titi, JoBlack, Féfé, Alex, BenJa, Willos, Ludo and Cyrill.

Es ging darum, sechs emblematische Orte in den Straßen von Paris auf dem Place du Trocadéro nachzubilden. Ich wurde von dem modernen Kunstwerk des schiefen Hauses am Bahnhof Gare du Nord verführt. Ich erhielt den Auftrag, eine Nachbildung des Hauses und der Sonnenuhr zu bauen, wobei letztere eines der, wenn nicht sogar das komplexeste Hindernis ist, das ich je gebaut habe. Die Sonnenuhr bestand aus einer Art Welle mit einer Hüfte und einer Kurve, mit einem Radius von 1,35 m an der steilsten Stelle und bis zu 1,50 m. Der Übergang war also ein Übersteuerungsabschnitt! Dieser Radius änderte sich im Verlauf der Welle, ebenso wie der Radius der Kappe, und zu allem Überfluss ging es auch noch auf und ab! Ganz zu schweigen von der Tatsache, dass die gesamte Struktur auf dem Boden auf- und abgebaut werden musste, was das Projekt noch komplexer machte. Sie hatte auch ihre technischen Schwierigkeiten: ein umgekehrter Querschnitt mit einem Radius von 1,27 m an der steilsten Stelle. Dies wurde durch die Hilfe von Titi, JoBlack, Féfé, Alex, BenJa, Willos, Ludo und Cyrill möglich gemacht.

Les six lieux emblématiques des rues de Paris devaient être reproduits sur la célèbre place du Trocadéro. J'ai été séduit par l'œuvre moderne de la maison penchée de la gare du Nord. J'ai été chargé de construire une réplique de la maison et du cadran solaire, ce dernier étant l'un des obstacles les plus complexes, si ce n'est le plus complexe, que j'aie jamais construit. Le cadran solaire consistait en une sorte de vague avec une hanche et une courbe, avec un rayon de 1,35 m dans la partie la plus raide et allant jusqu'à 1,50 m. La transition était donc une section de survirage ! Ce rayon changeait le long de la vague, de même que le rayon de la margelle et, pour couronner le tout, tout montait et descendait ! Sans compter que toute la structure devait être montée et démontée au sol, ce qui ajoutait encore à la complexité du projet. L'appentis a lui aussi connu des difficultés techniques. Elle présentait une section inversée d'un rayon de 1,27 m à son point le plus raide. Cela a été possible grâce à l'aide de Titi, JoBlack, Féfé, Alex, BenJa, Willos, Ludo et Cyrill.

Se trataba de seis lugares emblemáticos de las calles de París que debían reproducirse en la famosa plaza del Trocadero. Me sedujo la obra de arte moderno de la casa inclinada de la estación de tren Gare du Nord. Me encargué de construir una réplica de la casa y del reloj de sol, siendo este último uno, si no, el obstáculo más complejo que jamás he construido. El reloj de sol consistía en una especie de ola con una cadera y una curva, con un radio de 1,35 m en la parte más empinada y que llegaba hasta 1,50 m. ¡La transición presentaba, por tanto, una sección de sobreviraje! Este radio cambiaba a lo largo de la ola, al igual que el radio de la albardilla y, para colmo, ¡todo subía y bajaba! Por no mencionar el hecho de que toda la estructura tuvo que montarse y desmontarse sobre el terreno, lo que añadió otra capa de complejidad al proyecto. La casa inclinada también tuvo sus dificultades técnicas. Tenía una sección invertida que presentaba un radio de 1,27 m en su punto más inclinado. Esto fue posible gracias a la ayuda de Titi, JoBlack, Féfé, Alex, BenJa, Willos, Ludo y Cyrill.

HALFPIPE RENTAL FOR AN EVENT: THE RATS CUP

Client
Vans Europe

Structural Engineer
La Fabrique Skatepark

Building Company
La Fabrique Skatepark

Area
45 m²

Year
2021/2022

Photos
© mayolgreenfilms

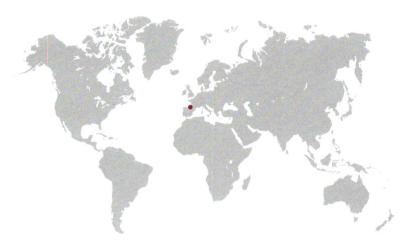

The event took place on the "Côtes des Basques" in Biarritz, one of Europe's best surfing spots. It's a dream setting to install a halfpipe for Vans during the Rats Cup, a three-day event on the seafront, that was free and facing the sunset.
The halfpipe was a deluxe one. Two meter high for a two meter radius and 4.5 m wide.
A double layer of ply-wood, with bakelite and gripping surfacing. The final layer was installed diagonally onsite on the firm metal structure that boasts cross ties every 25 cm or so. The ramp was made even stronger by the pool tiles made by 100glier Pool Coping. They had to be installed onsite as well as jointed and fixed to a metal plate on the platform. In order to provide an even more spectacular show, Sam Partaix had the wonderful idea of finding a pool ladder in 2022 and a surfboard that served as a wall extension in 2021.
The setup team was comprised of Alex Perfetti, Fred Besson and Cyrill Gay.

Die Veranstaltung fand an den „Côtes des Basques" in Biarritz statt, einem der besten Surfspots in Europa. Eine traumhafte Kulisse, um eine Halfpipe für Vans während des Rats Cup aufzustellen, ein dreitägiges Event direkt am Strand, kostenlos und mit Blick auf den Sonnenuntergang.
Die Halfpipe war luxuriös: 2 m hoch für einen Radius von 2 m und 4,5 m breit.
Eine doppelte Schicht aus Sperrholz, mit Bakelit und Griffbeschichtung. Die letzte Schicht wurde diagonal auf der festen Metallstruktur mit Querverstrebungen etwa alle 25 cm angebracht. Die Rampe wurde zusätzlich mit Poolfliesen von 100glier Pool Coping verstärkt. Sie mussten vor Ort verlegt sowie an einer Metallplatte auf der Plattform befestigt und fixiert werden. Um eine noch spektakulärere Show zu bieten, hatte Sam Partaix die wunderbare Idee, im Jahr 2022 eine Poolleiter und im Jahr 2021 ein Surfbrett zu finden, das als Verlängerung der Wand dient.
Das Montageteam bestand aus Alex Perfetti, Fred Besson und Cyrill Gay.

L'événement s'est déroulé aux « Côtes des Basques » à Biarritz, l'un des meilleurs spots de surf d'Europe. Un cadre de rêve pour installer un *halfpipe* pour Vans lors de la Rats Cup, un événement de trois jours sur le front de mer, gratuit et face au coucher du soleil.
Le *halfpipe* était luxueux : 2 m de haut pour un rayon de 2 m et 4,5 m de large.
Une double couche de contreplaqué, avec un revêtement en bakélite et un grip. La dernière couche a été installée en diagonale sur la structure métallique solide, avec des croisillons tous les 25 cm environ. La rampe a été renforcée par des dalles de piscine fabriquées par 100glier Pool Coping. Elles ont dû être installées sur place, ainsi qu'attachées et fixées à une plaque métallique sur la plate-forme. Pour que le spectacle soit encore plus spectaculaire, Sam Partaix a eu la merveilleuse idée de trouver une échelle de piscine en 2022 et une planche de surf pour servir d'extension au mur en 2021.
L'équipe de montage était composée d'Alex Perfetti, Fred Besson et Cyrill Gay.

El evento tuvo lugar en las « Côtes des Basques » de Biarritz, uno de los mejores lugares de surf de Europa. Un escenario de ensueño para instalar un *halfpipe* para Vans durante la Rats Cup, un evento de tres días en primera línea de playa, gratuito y frente a la puesta de sol.
El *halfpipe* era de lujo: 2 m de altura para un radio de 2 m y 4,5 m de ancho.
Una doble capa de madera contrachapada, con baquelita y revestimiento de agarre. La última capa se instaló en diagonal sobre la firme estructura metálica que cuenta con tirantes transversales cada 25 cm aproximadamente. La rampa se reforzó aún más con las baldosas de piscina fabricadas por 100glier Pool Coping. Tuvieron que instalarse *in situ*, además de unirse y fijarse a una placa metálica en la plataforma. Para ofrecer un espectáculo aún más espectacular, Sam Partaix tuvo la maravillosa idea de encontrar una escalera de piscina en 2022 y una tabla de surf que sirviera de prolongación de la pared en 2021.
El equipo de montaje estuvo compuesto por Alex Perfetti, Fred Besson y Cyrill Gay.

THE BADYARD

Client
BMX Freestyle Rhones Alpes

Structural Engineer
La Fabrique Skatepark

Building Company
La Fabrique Skatepark

Area
600 m²

Year
2022

Photos
© Cyrill Gay

Nico Badet who was the project manager, was able to find a patron to finance a skatepark in Lyon, in a warehouse of 600 m². The park was designed in collaboration with the Lyon crew mainly composed of BMX riders. One of the biggest challenges was managing to fit all the obstacles in the available space. For example when modifying the length and height of banks it quickly takes up a lot of ground space. It became a matter of compromise to fine tune every measurement in order to satisfy the needs of both street riders and transition high flyers who want to do lines and transfers. In some places from the end of a ramp to the beginning of another, we ended up with less than 2 meters. Unfortunately the budget was too short for a wooden flooring. OSB was used for the formwork and crossties made from Douglas fir. The surfacing was made with a double layer of ply-wood. The park is really well adapted to BMX riding which shows through the fact that no pedaling is required while the street features are compact.

Nico Badet, der Leiter des Projekts, konnte einen Mäzen für die Finanzierung eines Skateparks in Lyon gewinnen, der in einer 600 m² großen Lagerhalle untergebracht ist. Der Park wurde in Zusammenarbeit mit der Lyon-Crew entworfen, die hauptsächlich aus BMX-Fahrern besteht. Eine der größten Herausforderungen bestand darin, alle Hindernisse auf dem verfügbaren Platz unterzubringen; die Änderung der Länge und Höhe der Bänke nimmt schnell viel Platz in Anspruch. Es war eine Frage des Kompromisses, jede Größe so abzustimmen, dass sie sowohl den Bedürfnissen der Straßenfahrer als auch denen der Überflieger, die Lines und Transfers machen wollen, gerecht wird. An einigen Stellen, vom Ende einer Rampe bis zum Anfang einer anderen, hatten wir am Ende weniger als 2 m. Das Budget zu knapp für einen Holzboden. Für die Schalung und die Douglasienschwellen wurde OSB verwendet. Die Oberfläche wurde mit einer doppelten Schicht Sperrholz hergestellt. Der Park eignet sich sehr gut zum BMX-Fahren, was sich daran zeigt, dass man nicht in die Pedale treten muss, während die Straßenmerkmale kompakter sind.

Nico Badet, directeur du projet, a trouvé un mécène pour financer un *skatepark* à Lyon, dans un entrepôt de 600 m². Le parc a été conçu en collaboration avec le crew lyonnais, composé principalement de *riders* de BMX. L'un des plus grands défis a été d'intégrer tous les obstacles dans l'espace disponible ; changer la longueur et la hauteur des bancs prend rapidement beaucoup d'espace au sol. C'est devenu une question de compromis pour ajuster chaque taille afin de répondre aux besoins des *street riders* et des *high flyers* de transition qui veulent faire des lignes et des transferts. À certains endroits, de la fin d'une rampe au début d'une autre, nous nous sommes retrouvés avec moins de 2 mètres. Malheureusement, le budget était trop court pour un plancher en bois. L'OSB a été utilisé pour le coffrage et les traverses en Douglas. La surface a été réalisée avec une double couche de contreplaqué. Le parc est vraiment bien adapté à la pratique du BMX, ce qui est démontré par le fait qu'il n'est pas nécessaire de pédaler alors que les éléments de la rue sont plus compacts.

Nico Badet, director del proyecto, consiguió un mecenas para financiar un *skatepark* en Lyon, en un almacén de 600 m². El parque se diseñó en colaboración con la *crew* de Lyon, compuesta principalmente por riders de BMX. Uno de los mayores retos fue conseguir encajar todos los obstáculos en el espacio disponible; modificando la longitud y la altura de los bancos se ocupa rápidamente mucho espacio del suelo. Se convirtió en una cuestión de compromiso afinar cada medida para satisfacer las necesidades tanto de los *riders* de calle como de los *high flyers* de transición que quieren hacer líneas y transferencias. En algunos lugares, desde el final de una rampa hasta el principio de otra, acabamos con menos de 2 m. Por desgracia, el presupuesto era demasiado corto para un suelo de madera. Se utilizó OSB para el encofrado y traviesas de Douglas. La superficie se hizo con una doble capa de madera contrachapada. El parque está realmente bien adaptado a la práctica de la BMX, lo que se demuestra por el hecho de que no es necesario pedalear mientras que las características de la calle son más compactas.

TIME MACHINE RED BULL WATCH

Client
Red Bull France

Structural Engineer
La Fabrique Skatepark

Building Company
La Fabrique Skatepark

Area
230 m²

Year
2023

Photos
© Nicolas Jacquemin

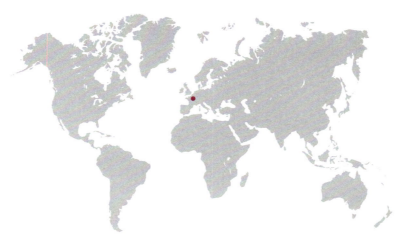

One day I got a call from Matthias Dandois, the BMX flatland rider who won 8 world champion titles, telling me he wants to ride in a giant watch in relation to two of his sponsors Swatch and RedBull. Initially the project was designed by Nate Wessel, a builder from Woodward and a regular RedBull collaborator. We got started from that design that we slightly modified and got to scale. My workshop being 21 m wide by 27 m, I made them a new proposal for a watch that would be 17 m in diameter and wouldn't have to be transported. Benito who was doing a traineeship for me at that moment worked on calculating the size. It took 6 people over three weeks to get it done: Dodo and Jason worked on the metal hands for the first two weeks without even having to require the help of a design office. It was quite the challenge put their experience prevailed. Then Ben, Fred, Lucas and Cyrill for the flooring, wooden structure, surfacing, inside obstacles etc... It took 1.5 km of wood and a few thousand screws!

Eines Tages erhielt ich einen Anruf von Matthias Dandois, dem BMX-Flatland-Rennfahrer und Gewinner von 8 Weltmeistertiteln, der mir mitteilte, dass er in Verbindung mit zwei seiner Sponsoren, Swatch und RedBull, eine Riesenuhr fahren wollte. Ursprünglich wurde das Projekt von Nate Wessel entworfen, einem Woodward-Konstrukteur und regelmäßigen Mitarbeiter von RedBull. Wir gingen von diesem Entwurf aus, den wir leicht modifizierten und maßstabsgetreu umsetzten. Da meine Werkstatt 21 m x 27 m groß ist, machte ich ihnen einen neuen Vorschlag für eine Uhr mit einem Durchmesser von 17 m, die nicht transportiert werden musste. Benito, der zu dieser Zeit ein Praktikum bei mir machte, arbeitete an der Größenberechnung. Sechs Leute brauchten drei Wochen, um es richtig hinzubekommen: Dodo und Jason arbeiteten die ersten zwei Wochen an dem Metall. Es war eine Herausforderung, aber ihre Erfahrung hat sich durchgesetzt. Dann Ben, Fred, Lucas und Cyrill für den Boden, die Holzstruktur, die Verkleidung, die inneren Hindernisse usw. Es wurden 1,5 km Holz und einige tausend Schrauben benötigt!

Un jour, j'ai reçu un appel de Matthias Dandois, le coureur de BMX *flatland* et vainqueur de 8 titres de champion du monde, me disant qu'il voulait rouler sur une montre géante en relation avec deux de ses sponsors Swatch et RedBull. Au départ, le projet a été conçu par Nate Wessel, un constructeur de Woodward et contributeur régulier de RedBull. Nous sommes partis de ce projet que nous avons légèrement modifié et mis à l'échelle. Comme mon atelier mesure 21 m x 27 m de large, je leur ai fait une nouvelle proposition pour une horloge de 17 m de diamètre qui n'aurait pas besoin d'être transportée. Benito, qui effectuait un stage chez moi à l'époque, a travaillé sur le calcul des dimensions. Il a fallu trois semaines à six personnes pour y parvenir : Dodo et Jason ont travaillé sur le métal pendant les deux premières semaines sans même avoir besoin de l'aide d'un bureau d'études. C'était un défi, mais leur expérience l'a emporté. Puis Ben, Fred, Lucas et Cyrill pour le plancher, la structure en bois, le bardage, les obstacles intérieurs, etc. Il a fallu 1,5 km de bois et quelques milliers de vis !

Un día recibí una llamada de Matthias Dandois, el corredor de BMX *flatland* ganador de 8 títulos de campeón del mundo, diciéndome que quería montar en un reloj gigante en relación con dos de sus patrocinadores Swatch y RedBull. Inicialmente el proyecto fue diseñado por Nate Wessel, un constructor de Woodward y colaborador habitual de RedBull. Partimos de ese diseño que modificamos ligeramente y llevamos a escala. Como mi taller tiene 21 m x 27 m de ancho, les hice una nueva propuesta para un reloj que tuviera 17 m de diámetro y no tuviera que ser transportado. Benito, que en ese momento estaba haciendo prácticas para mí, trabajó en el cálculo del tamaño. Hicieron falta seis personas durante tres semanas para conseguirlo: Dodo y Jason trabajaron el metal durante las dos primeras semanas sin tener que requerir siquiera la ayuda de una oficina de diseño. Fue todo un reto, pero su experiencia se impuso. Después, Ben, Fred, Lucas y Cyrill para el suelo, la estructura de madera, el revestimiento, los obstáculos interiores, etc. ¡Se necesitaron 1,5 km de madera y unos cuantos miles de tornillos!

LANDSKATE
PLANUNGSBÜRO FÜR SKATEPARKS

JONATHAN WRONN
VEITH KILBERTH, PHD
DANIEL SCHREITMÜLLER

www.lndskt.de

Around an ever-growing team of frequent skateparks users, former professional skateboarders, scholars with published work in the field of skateparks, architects and engineers, Landskate (LNDSKT) was set up in 2016 with the intention to sustainably increase the quality of modern skateparks.
With a background deeply rooted in skateboarding, LNDSKT contributes to help shape the infrastructure of tomorrow's Skateboarding and Urban Sports. Using close collaboration with the local skatepark advocates and initiatives as well as city representatives, the focus is put on creating state-of-the-art skatepark designs with the given resources.
Starting out from Cologne, Germany, LNDSKT is now set to expand its reach and collaborate with local initiatives on a European and International scale.

Verbunden durch die Leidenschaft zum Skateboarding wurde Landskate (LNDSKT) im Jahr 2016 um ein Team aus aktiven und ehemaligen professionellen Skateboardern, Landschaftsarchitekten, Fachplanern und Sportwissenschaftlern mit akademischen Publikationen im Bereich der Skateparkplanung gegründet. Die Vision – die Qualität moderner Ortbeton-Skateparks nachhaltig zu verbessern.
Durch die tiefe Verwurzelung mit der Skateboard-Szene trägt LNDSKT dazu bei, State-of-the-Art Infrastruktur für Skateboarding und Urban Sports voranzutreiben. Mit viel Liebe zum Detail können so in einem mehrstufigen Beteiligungsprozess moderne und individuelle Skatepark Designs unter enger Einbeziehung der lokalen Nutzergruppen und Vertreter*innen der Städte und Gemeinden realisiert werden.
Nachdem so in den letzten Jahren bereits eine Vielzahl lokaler, regionaler und überregionaler Projekte entstanden sind, möchte LNDSKT nun Skateboarding auch auf europäischer und internationaler Ebene unterstützen.

Autour d'une équipe toujours croissante d'utilisateurs fréquents de *skateparks*, d'anciens *skateboarders* professionnels, d'universitaires ayant publié des travaux dans le domaine des *skateparks*, d'architectes et d'ingénieurs, Landskate (LNDSKT) a été créé en 2016 dans le but d'augmenter de manière durable la qualité des *skateparks* modernes.
Fort d'une expérience profondément enracinée dans le *skateboard*, LNDSKT contribue à façonner l'infrastructure du *skateboard* et des sports urbains de demain. En collaborant étroitement avec les défenseurs locaux des *skateparks* et les initiatives ainsi qu'avec les représentants de la ville, l'accent est mis sur la création de designs de *skateparks* de pointe avec les ressources disponibles.
Partant de Cologne, en Allemagne, LNDSKT s'apprête désormais à étendre sa portée et à collaborer avec des initiatives locales à l'échelle européenne et internationale.

Alrededor de un equipo en constante crecimiento de usuarios habituales de *skateparks*, antiguos *skateboarders* profesionales, académicos con trabajos publicados en el campo de los *skateparks*, arquitectos e ingenieros, se creó Landskate (LNDSKT) en 2016 con la intención de aumentar de manera sostenible la calidad de los *skateparks* modernos.
Con una base profundamente arraigada en el *skateboard*, LNDSKT contribuye a dar forma a la infraestructura del *skateboarding* y los deportes urbanos del futuro. Mediante una estrecha colaboración con los defensores e iniciativas locales de *skatepark*, así como con los representantes de la ciudad, se centra en crear diseños de vanguardia con los recursos disponibles.
Partiendo de Colonia, Alemania, LNDSKT se dispone ahora a ampliar su alcance y colaborar con iniciativas locales a nivel europeo e internacional.

HIRSCHGARTEN SKATEPARK

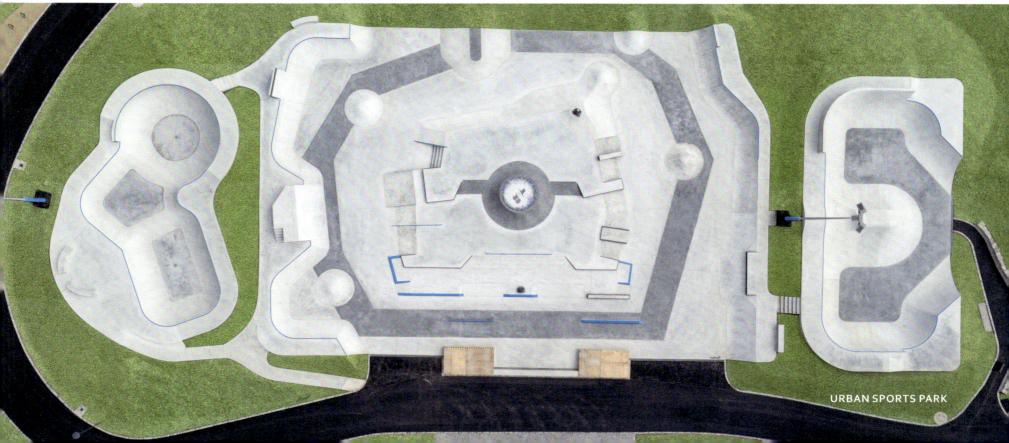

URBAN SPORTS PARK

HIRSCHGARTEN SKATEPARK

Client
City of Munich

Construction
Schneestern GmbH & Co. KG, Durach

Area
600 m²

Year
2021

Photos
© Leo Preisinger

'Hirschgarten Skatepark' in Munich was one of the many old-fashioned prefabricated skateparks built in the late 1990s that needed a complete make-over. That's why the city government decided on the refurbishment of the skatepark and assigned LNDSKT with the creation of a state-of-the-art design in close collaboration with local user groups. With the needs and desires of the local skateboarders in mind, the concept should also complement the overall skatepark offering of more than 40 skateparks in Munich. The concept makes use of the limited skatepark area and features an open street plaza design using unique and sculptural elements to add an artistic and urban look and feel. These stand-alone structures allow for various visual axis throughout the entire skatepark. A generally low height of the elements with partly higher features facilitates the usage within different skill levels and a broad variety of user groups. On a structural level, elements are arranged in a multi-line flow concept that offers many pathways through the terrain and encourages a creative usage.

In enger Zusammenarbeit mit den lokalen Nutzergruppen wurde der 90er-Jahre-Skatepark im Münchner Hirschgarten durch ein modernes State-of-the-Art Konzept in Ortbetonbauweise ersetzt. Das neuartige Street-Plaza Konzept orientiert sich dabei am städtischen Gesamtangebot von mehr als 40 Skateparks und fokussiert sich durch eine individuelle und skulpturale Elementauswahl sowie geometrischer Bodengestaltung auf ein urban-künstlerisches Look and Feel. Durch freistehende Elemente werden offene Sichtachsen durch den Skatepark ermöglicht. Dabei können die Obstacles durch das Multi-Line-Konzept in kreativer Weise gefahren werden. Der Skatepark in München's Hirschgarten zeigt, wie durch eine starke Involvierung der Nutzergruppen gestalterische Potentiale von öffentlichen Flächen gehoben werden können und damit zur Gestaltung eines grünen Erholungsraumes im städtischen Umfeld beitragen kann.

Le *skatepark* « Hirschgarten » à Munich était l'un des nombreux *skateparks* préfabriqués démodés construits à la fin des années 1990 qui nécessitaient une rénovation. C'est pourquoi le gouvernement de la ville a décidé de rénover le *skatepark* et a confié à LNDSKT la création d'un design de pointe en collaboration avec les groupes d'utilisateurs locaux. En tenant compte des besoins et des désirs des *skateboarders* locaux, le concept devrait compléter l'offre globale de *skateparks* comprenant plus de 40 *skateparks* à Munich. Le concept utilise la superficie limitée du *skatepark* et propose un design de place ouverte utilisant des éléments uniques et sculpturaux pour ajouter un aspect artistique et urbain. Une hauteur généralement basse des éléments avec des caractéristiques partiellement plus élevées facilite leur utilisation par différents niveaux de compétence et une grande variété de groupes d'utilisateurs. Au niveau structurel, les éléments sont disposés selon un concept de flux à plusieurs lignes qui offre de nombreux parcours à travers le terrain et encourage une utilisation créative.

El *skatepark* «Hirschgarten» en Múnich era uno de los muchos *skateparks* prefabricados anticuados construidos a finales de la década de 1990 que necesitaban una renovación completa. Por eso, el gobierno de la ciudad decidió la renovación del parque y asignó a LNDSKT la creación de un diseño de vanguardia en estrecha colaboración con los grupos locales de usuarios. Con las necesidades y deseos de los *skaters* locales en mente, el concepto también debería complementar la oferta general de *skateparks*, que consta de más de 40 en Múnich. El concepto aprovecha al máximo el área limitada del *skatepark* y presenta un diseño de plaza de estilo callejero abierto utilizando elementos únicos y esculturales para añadir un aspecto artístico y urbano. La altura generalmente baja de los elementos con características parcialmente más altas facilita su uso para diferentes niveles de habilidad y una amplia variedad de grupos de usuarios. A nivel estructural, los elementos se disponen en un concepto de flujo de múltiples líneas que ofrece numerosos recorridos a través del terreno, fomentando un uso creativo.

URBAN SPORTS PARK

Client
City of Hof

Construction
Schneestern GmbH & Co. KG, Durach

Design
Landskate GmbH, Köln /
Seecon Ingenieure GmbH, Leipzig

Area
2,700 m²

Year
2022

Photos
© Leo Preisinger

Despite its central and scenic location, the former ice-skating rink and outdoor sports facility 'Am Eisteich' in Hof has lost its liveliness and functional attractiveness over the last decades. Reason enough for the city government of Hof to invest in the vitalization of the area through an Urban Sports concept and transforming the fallow space into a blooming recreational leisure park. Designed in a multi-stage participation and planning process, the Urban Sports Park features different state-of-the-art skatepark facilities, pumptracks, outdoor fitness and a multi-sporting field to cater the special needs of the broad user group. Organically integrated into the landscape using lawns, a pond, various seating areas with lots of sojourn quality and a renatured water system, Hof's new Urban Sports destination takes up on the recreational potential of the surrounding Saale River environment. Designed to accommodate a broad range of urban sports users from young kids to youth, adults and even seniors.

Die bisher kaum genutzte und brachliegende Fläche im Herzen der Stadt Hof, sollte durch ein Urban Sports Konzept zu einem generationsübergreifenden Ort der Bewegung mit Naherholungscharakter revitalisiert werden. Ziel war es, unter enger Zusammenarbeit mit den lokalen Nutzergruppen ein State-of-the-Art Konzept für das Gelände ‚am Eisteich' zu schaffen. In mehrteilig partizipativen Planungsschritten wurde so ein Urban Sports Park gestaltet, der neben diversen modernen Skateparkflächen auch Pumptracks, Outdoor Fitness und ein Multi-Sport-Feld vorsieht und damit genau auf die Wünsche und Bedürfnisse der lokalen Nutzergruppen eingeht. Durch Rasenflächen, Sitzbereiche mit hoher Aufenthaltsqualität, einen neu angelegten Teich sowie renaturierter Wasserflächen wurde die Anlage organisch in die Topografie des Parkumfelds integriert und das gestalterische Potential des Eisteichs wiederbelebt.

Malgré son emplacement central et pittoresque, l'ancienne patinoire et l'installation sportive en plein air « Am Eisteich » à Hof ont perdu de leur attractivité au cours des dernières décennies. C'est pourquoi le gouvernement municipal de Hof a décidé d'investir dans la revitalisation de la zone grâce à un concept de sports urbains et de transformer cet espace en un parc de loisirs récréatif. Conçu dans le cadre d'un processus de participation et de planification en plusieurs étapes, le parc de sports urbains propose différentes installations de *skatepark* de pointe, des *pumptracks*, des espaces de *fitness* en plein air et un terrain multisport pour répondre aux besoins du large groupe d'utilisateurs. Intégré de manière organique dans le paysage avec des pelouses, un étang, espaces de repos avec une grande qualité de séjour et un système d'eau renaturé, la nouvelle destination de sports urbains de Hof exploite le potentiel récréatif de l'environnement de la rivière Saale environnante. Conçu pour accueillir un large éventail d'utilisateurs de sports urbains, des jeunes enfants aux jeunes, aux adultes et même aux personnes âgées.

A pesar de su ubicación céntrica y pintoresca, la antigua pista de patinaje sobre hielo y las instalaciones deportivas al aire libre «Am Eisteich» en Hof han perdido su vitalidad y atractivo funcional en las últimas décadas, motivo suficiente para que el gobierno de la ciudad invierta en la revitalización del área a través de un concepto de deportes urbanos y transforme el espacio baldío en un parque recreativo floreciente. Diseñado en un proceso de participación y planificación en varias etapas, el Parque de Deportes Urbanos cuenta con diferentes instalaciones de *skatepark* de vanguardia, pistas de *pumptrack*, gimnasio al aire libre y un campo deportivo multi usos para satisfacer las necesidades especiales del amplio grupo de usuarios. Integrado orgánicamente en el paisaje con césped, un estanque, varias áreas de asientos de mucha calidad y un sistema acuático renovado, se aprovecha el potencial recreativo del entorno del río Saale circundante. Diseñado para satisfacer una amplia gama de usuarios de deportes urbanos, desde niños pequeños hasta jóvenes, adultos e incluso personas mayores.

NINE YARDS
SKATEPARK CO.

www.nine-yards.com

Nine Yards Skateparks Co. was founded in 2008 by Jeroen van Eggermond. Presently, the team has been active in the skateboard scene for over 15 years and distinguishes itself through the organization of Urban Sports events and the "design & build" of creative and innovative skateparks.

Nine Yards aims to be at the forefront of innovative skatepark development. The designs integrate skateparks with functions like urban sports, biodiversity, water management, and recreation. Future skateparks will be more nature-inclusive, landscape-integrating, barrier-breaking, and socially inclusive.

The diverse and international team consists of project managers, engineers, skilled craftsmen, former pro-skateboarders, and landscape architects. They combine sustainability, creativity, functionality, and spatial integration to create unique indoor and outdoor skateparks that meet the needs of the local community.

NIKE HOMECOURT

PIER 15 SKATEPARK

NIKE HOMECOURT

Client
Nike inc.

Structural Engineer
Nine Yards skatepark co., BK ingenieurs

Building Company
Nine Yards Skatepark co.

Design
Floda31 (Rich Holland)

Main Contractor
De Enk Groen & Golf

Landscape Architects
Bureau B+B

Area
1,100 m²

Year
2021

Photos
© Marcel Veldman

Nine Yards Skateparks collaborated with architect Rich Holland to create a unique hybrid skate landscape for Nike's European headquarters in Hilversum.
The public plaza encourages interaction between visitors, users, and professionals. The lack of clear lines stimulates the creativity of skateboarders in challenging and diverse terrain. Therefore, it serves as an example of an innovative and hybrid fusion between traditional architecture and skateboard architecture.
The skatepark seamlessly integrates into the surrounding landscape through the combination of blue-green infrastructure, distinctive materials, and native planting. This creates a beautiful, functional public space combining nature and urban activity.
The Aalto wave serves as the centerpiece of the skatepark and embodies the ongoing innovation and creative exploration within skateboarding in relation to art and history.

Nine Yards Skateparks werkte samen met architect Rich Holland om een uniek hybride skate-landschap te creëren voor het Europese hoofdkantoor van Nike in Hilversum.
Het openbare plein moedigt interactie aan tussen bezoekers, gebruikers en professionals. Het ontbreken van duidelijke lijnen stimuleert de creativiteit van skateboarders in een uitdagend en divers terrein. Daarom dient het als een voorbeeld van een innovatieve en fusie tussen traditionele architectuur en skate-architectuur.
Het skatepark integreert naadloos in het omringende landschap door de combinatie van blauw-groene infrastructuur, kenmerkende materialen en inheemse beplanting. Dit creëert een mooie en functionele openbare ruimte die natuur en stedelijke activiteit combineert.
De Aalto-wave dient als middelpunt van het skatepark en belichaamt de voortdurende innovatie en creatieve verkenning binnen het skateboarden in relatie tot kunst en geschiedenis.

Nine Yards Skateparks a collaboré avec l'architecte Rich Holland pour créer un paysage de *skate* hybride unique pour le siège européen de Nike à Hilversum.
La place publique encourage l'interaction entre les visiteurs, les utilisateurs et les professionnels. L'absence de lignes claires stimule la créativité des *skateurs* sur des terrains difficiles et variés. C'est pourquoi ce projet est un exemple de fusion innovante et hybride entre l'architecture traditionnelle et l'architecture de *skateboard*.
Le *skatepark* s'intègre parfaitement dans le paysage environnant grâce à la combinaison d'une infrastructure bleu-vert, de matériaux distinctifs et de plantations indigènes. Cela crée un espace public beau et fonctionnel qui combine la nature et l'activité urbaine.
L'Aalto *Wave* est la pièce maîtresse et incarne l'innovation continue et l'exploration créative du *skateboard* en relation avec l'art et l'histoire.

Nine Yards Skateparks colaboró con el arquitecto Rich Holland para crear un paisaje de *skate* híbrido único para la sede europea de Nike en Hilversum.
La plaza pública fomenta la interacción entre visitantes, usuarios y profesionales. La falta de líneas claras estimula la creatividad de los *skaters* en terrenos desafiantes y diversos. Por ello, este proyecto sirve de ejemplo de fusión innovadora e híbrida entre la arquitectura tradicional y la arquitectura del monopatín.
El *skatepark* se integra perfectamente en el paisaje circundante mediante la combinación de infraestructuras verde-azuladas, materiales distintivos y plantaciones autóctonas. Se crea así un espacio público bello y funcional que combina naturaleza y actividad urbana.
La ola Aalto es la pieza central y encarna la continua innovación y exploración creativa del monopatín en relación con el arte y la historia.

PIER 15 SKATEPARK

Client
Municipality of Breda

Structural Engineer
Nine Yards Skatepark co.

Building Company
Nine Yards Skatepark co.

Area
1,000 m²

Year
2014

Photos
© Mathijs Tromp, Ruud van Bragt

Born out of the need for a dedicated space for skateboarders and creative youth, Nine Yards established and built Pier 15 in their hometown of Breda in 2014. Since then, Pier 15 has established itself internationally as one of the leading indoor skateparks. In addition to managing Pier 15, Nine Yards organizes well-known skateboard events, including the Dutch Skateboarding Championship and the annual Pier Parade.

As Nine Yards' flagship project, Pier 15 is not just a skatepark but also a stronghold of skate culture and inclusivity. By organizing various events like music performances, sports events, art exhibitions, and films, the (skate) culture is shared with every visitor.

The site consists of a 1,000 m² indoor skatepark, 400 m² restaurant, an outdoor terrace, an urban sports park with basketball and freerunning facilities, and a concrete outdoor bowl.

Voortgekomen uit de behoefte aan een toegewijde ruimte voor skateboarders en creatieve jongeren, heeft Nine Yards Pier15 opgericht en gebouwd in hun thuisstad Breda in 2014. Sindsdien heeft Pier 15 internationale erkenning verworven als een van de toonaangevende indoor skateparken. Naast het beheren van Pier15 organiseert Nine Yards bekende skateboard-evenementen, waaronder het Nederlands Kampioenschap Skateboarden en de jaarlijkse Pier Parade.

Als vlaggenschipproject van Nine Yards is Pier15 niet alleen een skatepark, maar ook een bolwerk van skatecultuur en inclusiviteit. Door diverse evenementen zoals muziekoptredens, sportevenementen, kunsttentoonstellingen en filmvertoningen te organiseren, wordt de (skate)cultuur gedeeld met elke bezoeker.

De locatie bestaat uit een indoor skatepark van 1000 m², een restaurant van 400 m², een buitenterras, een stedelijk sportpark met basketbal- en freerunningfaciliteiten, en een betonnen buitenkom.

Né du besoin d'un espace dédié aux *skateurs* et aux jeunes créatifs, Nine Yards a établi et construit Pier 15 dans sa ville natale de Breda en 2014. Depuis, Pier 15 s'est imposé au niveau international comme l'un des principaux *skateparks* intérieurs. En plus de gérer Pier 15, Nine Yards organise des événements de *skate* bien connus, tels que les championnats néerlandais de *skateboard* et la Pier Parade annuelle.

En tant que projet phare de Nine Yards, Pier 15 n'est pas seulement un *skatepark*, mais aussi un bastion de la culture du *skate* et de l'inclusion. En organisant divers événements tels que des spectacles musicaux, des manifestations sportives, des expositions d'art et des films, la culture (du *skate*) est partagée avec tous les visiteurs.

Le site comprend un *skatepark* intérieur de 1 000 m², un restaurant de 400 m², une terrasse extérieure, un parc sportif urbain avec des installations de basket-ball et de course libre, ainsi qu'un *bowl* extérieur en béton.

Nacido de la necesidad de un espacio dedicado para *skaters* y jóvenes creativos, Nine Yards estableció y construyó Pier 15 en su ciudad natal de Breda en 2014. Desde entonces, Pier 15 se ha consolidado internacionalmente como uno de los principales *skateparks* cubiertos. Además de gestionar Pier 15, Nine Yards organiza eventos de *skate* muy conocidos, como el Campeonato Holandés de Skateboarding y el anual Pier Parade.

Como proyecto emblemático de Nine Yards, Pier 15 no es sólo un *skatepark*, sino también un baluarte de la cultura del *skate* y la inclusión. Mediante la organización de diversos actos, como actuaciones musicales, eventos deportivos, exposiciones de arte y películas, la cultura (del *skate*) se comparte con todos los visitantes.

El recinto consta de un *skatepark* cubierto de 1.000 m², un restaurante de 400 m², una terraza al aire libre, un parque deportivo urbano con instalaciones de baloncesto y carrera libre, y un *bowl* de hormigón exterior.

PLAYCE

Playce is a collection of highly skilled super stars all striving with same goal, creating fun spaces and having fun doing it together.

www.playce.com

Playce is serious about fun. For over 10 years, we have been passionately creating inclusive and exciting skate, recreation, and play environments in the public realm. With a number of key skaters on our design team, we have a real focus on skatepark provision and are passionate about creating timeless, functional, rideable terrain. Whether it's an urban plaza, park, or competition level bowl, the Playce team work closely with the local skate community to ensure we are creating spaces relevant to their needs and wants. We take equal care in ensuring we get our spaces to work, whether they are small spots to session, or a major competition sized facility. We complement our skate work with expertise in designing bespoke parkour, play, and fitness elements to create vibrant broader active recreation precincts that cater for a diverse range of interests, are inclusive, provide opportunities to socialise, and most importantly have fun.

Playce meint es ernst mit Spaß. Seit über 10 Jahren schaffen wir leidenschaftlich inklusive und aufregende Skate-, Freizeit- und Spielumgebungen im öffentlichen Raum. Mit einigen Schlüsselskatern in unserem Designteam konzentrieren wir uns besonders auf die Bereitstellung von Skateparks und setzen uns leidenschaftlich für zeitlose, funktionale und befahrbare Gelände ein. Ob es sich um einen städtischen Platz, einen Park oder eine Wettkampfbowl handelt, das Playce-Team arbeitet eng mit der örtlichen Skate-Community zusammen, um Räume zu schaffen, die ihren Bedürfnissen und Wünschen entsprechen. Wir legen gleichermaßen Wert darauf, dass unsere Räume funktionieren, egal ob es sich um kleine Spots zum Skaten oder um eine große Wettkampfanlage handelt. Wir ergänzen unsere Arbeit im Skatebereich mit Fachkenntnissen im Design von maßgeschneiderten Parkour-, Spiel- und Fitness-Elementen, um lebendige, breitere aktive Erholungsgebiete zu schaffen, die eine Vielzahl von Interessen abdecken, inklusiv sind, Möglichkeiten zum Sozialisieren bieten und vor allem Spaß machen.

Playce prend le plaisir au sérieux. Depuis plus de 10 ans, nous créons passionnément des environnements inclusifs et excitants pour le *skateboard*, les loisirs et le jeu dans l'espace public. Avec plusieurs skateurs clés dans notre équipe de conception, nous nous concentrons réellement sur la création de skateparks et nous sommes passionnés par la création de terrains intemporels, fonctionnels et praticables. Que ce soit une place urbaine, un parc ou un bowl de niveau compétition, l'équipe de Playce travaille en étroite collaboration avec la communauté locale de skateboard pour s'assurer que nous créons des espaces adaptés à leurs besoins et à leurs souhaits. Nous accordons une attention égale à ce que nos espaces fonctionnent, qu'il s'agisse de petits endroits pour les sessions ou d'installations de grande envergure pour les compétitions. Nous complétons notre travail dans le *skateboard* en concevant des éléments sur mesure de parkour, de jeu et de *fitness* pour créer des quartiers d'activités récréatives plus larges et vibrants qui répondent à une gamme diversifiée d'intérêts, qui sont inclusifs, offrent des opportunités de socialisation et, surtout, procurent du plaisir.

Playce se toma en serio la diversión. Durante más de 10 años, hemos estado creando apasionadamente entornos inclusivos y emocionantes para el *skate*, recreación y juego en el ámbito público. Con varios skaters importantes en nuestro equipo de diseño, nos enfocamos realmente en la provisión de *skateparks* y nos apasiona crear terrenos atemporales, funcionales y transitables. Ya sea una plaza urbana, un parque o una instalación de nivel de competición, el equipo de Playce trabaja en estrecha colaboración con la comunidad de *skaters* locales para asegurarse espacios relevantes para sus necesidades y deseos. Nos preocupamos igualmente por garantizar que nuestros espacios funcionen, ya sean pequeños lugares para sesión o una instalación de competición de gran tamaño. Complementamos nuestro trabajo en *skate* con experiencia en el diseño de elementos de *parkour*, juego y *fitness* personalizados para crear espacios recreativos activos vibrantes que satisfacen una amplia gama de intereses, son inclusivos, brindan oportunidades para socializar y, lo más importante, ¡ayudan a divertirse!

ALBURY SKATE & ACTIVE RECREATION SPACE

BUNBURY YOUTH PRECINCT

ALBURY SKATE & ACTIVE RECREATION SPACE

Client
City of Albury

Structural Engineer
Kennedy Bell Infrastructure

Building Company
Precision Skateparks

Area
4,800 m²

Year
2021

Photos
© Ash Smith, James Wiltshire, Simon Dallinger, Tom Debnam, Wade Mclaughlin

Albury Skate & Active Recreation Space was completed in 2021, and is one of the largest skateparks in Australia. The park has a visually bold "road" aesthetic, featuring a linear street section that includes various ledges, rails, banks, and gaps with road markings and signage elements, including the 16ft high feature "WRONG WAY - GO BACK" vert wall. Whilst designed to replicate a linear road, transitions and banked hips throughout the section provide opportunity to flow through the park in different lines. There are two stand-alone bowls, a 4-6ft hipped mini-ramp bowl with banked extension, and a 6-10ft vert bowl with granite pool coping. There is lighting throughout the skate area, and the mini-ramp bowl is sheltered for use in all conditions. The facility also includes a vert ramp, parkour area, bouldering wall, basketball half court, pump track, and sheltered seating areas that are all connected and integrated into the "road" theme.

Der Albury Skate & Active Recreation Space wurde 2021 fertiggestellt und ist einer der größten Skateparks in Australien. Der Park hat eine optisch markante „Straßen"-Ästhetik und umfasst einen linearen Straßenabschnitt mit verschiedenen Kanten, Schienen, Banks und Lücken mit Straßenmarkierungen und Beschilderungselementen, einschließlich der 16 Fuß hohen „FALSCHER WEG - GEHEN SIE ZURÜCK"-Vertwand. Das Konzept wurde entwickelt, um eine lineare Straße nachzuahmen, wobei Übergänge und geneigte Hüften im gesamten Abschnitt die Möglichkeit bieten, auf verschiedenen Linien durch den Park zu fahren. Es gibt zwei eigenständige Bowls, eine 4-6 Fuß hohe Mini-Ramp-Bowl mit geneigter Erweiterung und eine 6-10 Fuß hohe Vert-Bowl mit Granit-Pool-Coping. Der Skatebereich ist beleuchtet, und die Mini-Ramp-Bowl ist für die Nutzung bei allen Witterungsbedingungen überdacht. Umfasst auch eine Vert-Rampe, einen Parkour-Bereich, eine Boulderwand, einen Basketball-Halbplatz, eine Pumpstrecke und überdachte Sitzbereiche.

L'espace de *skate* et de loisirs actifs d'Albury a été achevé en 2021 et est l'un des plus grands *skateparks* d'Australie. Le parc a une esthétique audacieuse inspirée des « routes », comprenant une section de rue linéaire avec diverses bordures, rampes, pentes et espaces vides avec marquages routiers et éléments de signalisation, y compris le mur vertical « MAUVAISE DIRECTION - RETOURNER » de 5 m de haut. Bien qu'il soit conçu pour reproduire une route linéaire, les transitions et les courbes inclinées dans toute la section offrent la possibilité de circuler dans le parc selon différentes lignes. Il y a deux *bowls* indépendants, un mini-ramp en forme de hanche de 1,5 m avec extension inclinée et un *bowl* vertical de 2,5 m avec rebord en granit. L'éclairage est présent dans toute la zone de *skate* et le mini-ramp est abrité pour être utilisé par tous les temps. L'installation comprend également une rampe verticale, un espace de *parkour*, un mur d'escalade, un demi-terrain de basket-ball, une piste de *pump track* et des espaces de repos abrités, tous reliés et intégrés dans le thème de la « route ».

El Albury Skate & Active Recreation Space se completó en 2021 y es uno de los *skateparks* más grandes de Australia. El parque tiene una estética visualmente audaz de «carretera», con una sección lineal de calle que incluye varios bordillos, rieles, bancos y saltos con marcas y elementos de señalización vial, incluida la pared vertical de 5 m de altura con la inscripción «SENTIDO EQUIVOCADO - VOLVER». Si bien está diseñado para replicar una carretera lineal, las transiciones y las caderas inclinadas en toda la sección brindan oportunidades para fluir a través del parque en diferentes líneas. Hay dos *bowls* independientes, un *bowl* mini-rampado de 1,5 m con extensión inclinada y un *vert bowl* de 2,5 m con bordillo de piscina de granito. Hay iluminación en todo el área de *skate* y el *bowl* mini-rampado está protegido para su uso en todas las condiciones climáticas. Las instalaciones también incluyen una rampa vertical, área de *parkour*, muro de *boulder*, medio campo de baloncesto, *pump track* y áreas de asientos cubiertas, todos conectados e integrados en el tema de «carretera».

BUNBURY YOUTH PRECINCT

Client
City of Bunbury

Structural Engineer
Civil & Structural Engineers Bunbury

Building Company
Advanteering

Area
6,000 m²

Year
2022

Photos
© City of Bunbury, Taj Kempe, Tom Debnam, Shane Richardson

Playce has created an iconic public recreation precinct that serves as a gateway to the city of Bunbury, and provides a space that privileges the needs of young people. The 6,000 m² space includes opportunities for skate, active recreation, play, and social connection. The central highlight is the skatepark which we designed collaboratively with Baseplate. This major facility includes a lower plaza section with blocks and rails, a street section with stair sets, step-up gaps, hubba ledges, and handrails, a transition flow section with a bowled mini-ramp, spine, and various transfers, and a feature bowl, 5-8ft deep, with a central blended volcano / roller feature. To complement the skatepark there is a multi-purpose sports court, social play space, major bespoke parkour / active fitness space, sheltered social spaces, feature / sports lighting, and a youth centre, creating an intergenerational recreation space with a social focus that is visually vibrant and lots of fun.

Playce hat einen öffentlichen Erholungsraum geschaffen, der als Eingangstor zur Stadt Bunbury dient und einen Raum bietet, der den Bedürfnissen junger Menschen Vorrang einräumt. Der 6000 m² große Raum bietet Möglichkeiten für Skateboarding, aktive Erholung, Spiel und soziale Verbindungen. Das zentrale Highlight ist der Skatepark, den wir in enger Zusammenarbeit mit Baseplate entworfen haben. Diese Einrichtung umfasst einen unteren Platzbereich mit Blöcken und Schienen, einen Straßenbereich mit Treppensätzen, Lücken, Hubba Ledges und Handläufen, einen Übergangsbereich mit einer Mini-Ramp, Spine und verschiedenen Übergängen sowie eine Bowl mit einer zentralen, abgerundeten Vulkan-/Roller-Struktur und einer Tiefe von 5-8 Fuß. Darüber hinaus gibt es einen Mehrzweck-Sportplatz, einen maßgeschneiderten Parkour-/Aktiv-Fitness-Bereich, überdachte soziale Räume, Beleuchtung für besondere Merkmale/Sport und ein Jugendzentrum. Dadurch entsteht ein generationenübergreifender Erholungsraum mit sozialem Fokus, der visuell lebendig und viel Spaß bietet.

Playce a créé un quartier de loisirs public emblématique qui sert de porte d'entrée à la ville de Bunbury et offre un espace privilégié pour les jeunes. L'espace de 6.000 m² offre des possibilités de *skate*, de loisirs actifs, de jeu et de connexion sociale. Le point central est le *skatepark* que nous avons conçu en collaboration avec Baseplate. Cette importante installation comprend une section de place inférieure avec des blocs et des rampes, une section de rue avec des escaliers, des sauts, des rebords et des rampes, une section de transition avec un mini-ramp en forme de bol, une épine dorsale et diverses transitions, ainsi qu'un *bowl* caractéristique de 2,5 m de profondeur avec un volcan central et une caractéristique en forme de rouleau. Pour compléter le *skatepark*, il y a un terrain de sport polyvalent, un espace de jeu social, un espace de parkour / *fitness* actif sur mesure, des espaces sociaux abrités, un éclairage caractéristique sportif et un centre pour les jeunes, créant ainsi un espace de loisirs intergénérationnel avec une orientation sociale, visuellement vibrant et très amusant.

Playce ha creado un emblemático espacio público de recreación que sirve como puerta de entrada a la ciudad de Bunbury y proporciona un espacio que privilegia las necesidades de los jóvenes. El espacio de 6000 m² incluye oportunidades para el *skate*, recreación activa, juego y conexión social. El punto central es el *skatepark*, que diseñamos en colaboración con Baseplate. Esta importante instalación incluye una sección de plaza inferior con bloques y rieles, una sección de calle con escaleras, saltos, bordillos y barandillas, una sección de flujo de transición con una mini-rampa con *bowl*, columna vertebral y varias transferencias, y un *bowl* destacado, de 2,5 m de profundidad, con un volcán central combinado/elemento rodante. Para complementar el *skatepark*, hay una cancha deportiva multi usos, un espacio de juego social, un gran espacio personalizado de *parkour/fitness* activo, áreas sociales cubiertas, iluminación destacada/deportiva y un centro juvenil, creando un espacio de recreación intergeneracional con un enfoque social, visualmente vibrante y muy divertido.

RICH LANDSCAPES

RICHARD SMITH
© Richard Doran

www.richlandscapes.co.nz

Auckland based skateboarder Richard Smith of European and Māori descent (*Te Āti Haunui a Pāpārangi iwi*) has designed over 80 skateparks across Aotearoa, New Zealand since establishing specialist landscape architecture firm RICH Landscapes in 2002. Skateboarding has been a major part of Richard's life since jumping on a skateboard in his late-teens and after initially training as a landscape architect his interests moulded together, nurturing a passion for skatepark design which naturally grew out of his love for skateboarding itself. Over the years, Richard has developed a unique approach to skatepark design with a process that spans from concept to detail, ensuring the inclusion of key stakeholders at each step along the way. Drawing inspiration from all aspects of skate culture and the natural world that we occupy, Richard continues to push the boundaries of modern skatepark design with a deliberate focus on environmental integration as a means to enhance user experience and meet community needs, adhering to the distinct emphasis on preservation and eco-awareness that has become a part of Aotearoa, New Zealand's national identity.

Richard Smith, ein in Auckland ansässiger Skateboarder europäischer und māorischer Abstammung (Te Āti Haunui a Pāpārangi iwi), hat seit der Gründung des spezialisierten Landschaftsarchitekturunternehmens RICH Landscapes im Jahr 2002 über 80 Skateparks in Aotearoa, Neuseeland, entworfen. Skateboarding war ein wichtiger Teil von Richards Leben, seit er als Jugendlicher auf ein Skateboard gesprungen ist. Nach seiner Ausbildung als Landschaftsarchitekt verschmolzen seine Interessen und er entwickelte eine Leidenschaft für das Design von Skateparks, die sich natürlich aus seiner Liebe zum Skateboarding ergab. Im Laufe der Jahre hat Richard einen einzigartigen Ansatz für das Design von Skateparks entwickelt, der einen Prozess vom Konzept bis ins Detail umfasst und sicherstellt, dass wichtige Interessengruppen bei jedem Schritt entlang des Weges einbezogen werden. Inspiriert von allen Aspekten der Skatekultur und der natürlichen Welt, in der wir leben, Richard verschiebt weiterhin die Grenzen des modernen Skateparkdesigns und konzentriert sich bewusst auf die Integration der Umwelt. Dabei wird auf den besonderen Schutz und das Umweltbewusstsein geachtet, das Teil der nationalen Identität von Aotearoa, Neuseeland, geworden ist.

Richard Smith, un *skateboarder* basé à Auckland d'origine européenne et maorie (*iwi Te Āti Haunui a Pāpārangi*), a conçu plus de 80 *skateparks* à travers Aotearoa, Nouvelle-Zélande depuis la création de sa société d'architecture paysagère spécialisée, RICH Landscapes, en 2002. Le *skateboard* a été une partie importante de la vie de Richard depuis qu'il a commencé à faire du *skateboard* à la fin de son adolescence, et après avoir suivi une formation initiale d'architecte paysagiste, ses intérêts se sont fusionnés, nourrissant une passion pour la conception de *skateparks* qui a naturellement découlé de son amour pour le *skateboard* lui-même. Au fil des ans, Richard a développé une approche unique de la conception de *skateparks* avec un processus qui va de la conception aux détails, en veillant à inclure les parties prenantes clés à chaque étape du processus. S'inspirant de tous les aspects de la culture du *skateboard* et du monde naturel que nous occupons, Richard continue de repousser les limites de la conception moderne de *skateparks* en mettant délibérément l'accent sur l'intégration environnementale, tout en respectant l'importance de la préservation et de la conscience écologique qui font partie de l'identité nationale de l'Aotearoa, Nouvelle-Zélande.

Richard Smith, un *skater* con sede en Auckland de ascendencia europea y maorí (*iwi Te Āti Haunui a Pāpārangi*), ha diseñado más de 80 *skateparks* en Aotearoa, Nueva Zelanda, desde que fundó la empresa especializada en arquitectura del paisaje RICH Landscapes en 2002. El *skateboarding* ha sido una parte importante de la vida de Richard desde que se subió a una tabla en su adolescencia tardía, y después de capacitarse inicialmente como arquitecto paisajista, sus intereses se fusionaron, alimentando una pasión por el diseño de *skateparks* que creció naturalmente a partir de su amor por el *skateboarding*. A lo largo de los años, Richard ha desarrollado un enfoque único para el diseño de *skateparks*, con un proceso que abarca desde el concepto hasta los detalles, asegurando la inclusión de las partes interesadas clave en cada paso del camino. Inspirándose en todos los aspectos de la cultura del patinaje urbano y en el mundo natural que ocupamos, Richard continúa empujando los límites del diseño moderno de *skateparks*, con un enfoque deliberado en la integración ambiental, adhiriéndose al énfasis distintivo en la preservación y la conciencia ecológica que se ha convertido en parte de la identidad nacional de Aotearoa, Nueva Zelanda.

MAIDSTONE MAX TŌ TĀTOU PAPA TĀKARO

MASTERTON SKATEPARK RENEWAL

MAIDSTONE MAX TŌ TĀTOU PAPA TĀKARO

Client
Upper Hutt City Council

Structural Engineer
Thurlow Consultants Ltd.

Building Company
Angus McMillan Concrete

Area
3,188 m² Skatepark, Pump Track and Integrated Skate Area.
Entire Park development 9,844 m²

Year
2021

Photos
© RICH Enterprises Ltd, Playground People Ltd, Upper Hutt City Council

Maidstone Max Tō Tātou Papa Tākaro was a very unique whole park development which began with local council engagements to design the skatepark only and transcended beyond the initial project scope into RICH Landscapes designing the wider playground and surrounding public space. As we were designing a large environment composed of various sections, we worked with the selected playground equipment supplier, Playground People, to design something that achieved full integration while reflecting the history of the site and evolving local culture of play. One way that we achieved this was through the incorporation of the original built environment, as we weaved new elements throughout the park in a way that allows for unrestrained transitions through each distinct area, as opposed to confining each aspect of the facility into its own space. The ultimate goal was to design an environment that was innovative, accessible and inclusive.

Maidstone Max Tō Tātou Papa Tākaro war ein einzigartiges Gesamtprojekt für einen Park, das mit der Planung des Skateparks begann, aber über den ursprünglichen Projektrahmen hinausging und RICH Landscapes dazu führte, auch den größeren Spielplatz und den umgebenden öffentlichen Raum zu gestalten. Da wir eine große Umgebung mit verschiedenen Abschnitten gestalten wollten, arbeiteten wir mit dem ausgewählten Spielgeräteanbieter Playground People zusammen, um etwas zu entwerfen, das eine vollständige Integration ermöglicht und gleichzeitig die Geschichte des Ortes und die sich entwickelnde lokale Spielkultur widerspiegelt. Eine Möglichkeit, dies zu erreichen, bestand darin, die ursprüngliche gebaute Umgebung zu integrieren und neue Elemente im Park so zu verweben, dass ungehinderte Übergänge durch jeden einzelnen Bereich ermöglicht werden, anstatt jedes Merkmal der Anlage in seinen eigenen Raum zu begrenzen. Das ultimative Ziel war es, eine Umgebung zu entwerfen, die innovativ, zugänglich und inklusiv ist.

Maidstone Max Tō Tātou Papa Tākaro était un projet de développement complet très unique qui a commencé par des consultations avec le conseil local pour concevoir uniquement le *skatepark*, mais qui a dépassé le périmètre initial du projet pour que RICH Landscapes conçoive également l'aire de jeux et l'espace public environnant. Comme nous concevions un environnement vaste composé de différentes sections, nous avons travaillé avec le fournisseur d'équipement de jeux sélectionné, Playground People, pour concevoir quelque chose qui intègre parfaitement tout en reflétant l'histoire du site et l'évolution de la culture locale du jeu. Une façon dont nous avons réussi cela a été d'incorporer l'environnement bâti d'origine, en tissant de nouveaux éléments dans tout le parc de manière à permettre des transitions fluides à travers chaque zone distincte, au lieu de confiner chaque aspect de l'installation dans son propre espace. L'objectif ultime était de concevoir un environnement innovant, accessible et inclusif.

Maidstone Max Tō Tātou Papa Tākaro fue un desarrollo de parque completo muy único que comenzó con la participación del consejo local para diseñar solo el *skatepark* y trascendió más allá del alcance inicial del proyecto, ya que RICH Landscapes diseñó también el área de juegos y el espacio público circundante. Al diseñar un entorno grande compuesto por varias secciones, trabajamos con el proveedor seleccionado de equipos de juegos, Playground People, para diseñar algo que lograra una integración completa al tiempo que reflejaba la historia del lugar y la cultura local en evolución del juego. Una forma en que lo logramos fue mediante la incorporación del entorno construido original, tejiendo nuevos elementos en todo el parque de manera que permitiera transiciones sin restricciones a través de cada área distinta, en lugar de confinar cada aspecto de la instalación en su propio espacio. El objetivo final era diseñar un entorno innovador, accesible e inclusivo.

MASTERTON SKATEPARK RENEWAL

Client
Masterton District Council

Structural Engineer
LGE Consulting

Building Company
Huntercivil

Area
3,160 m²

Year
2022

Photos
© Pete Nikolaison

The Masterton Skatepark Renewal was a project set out to revitalise the existing skatepark facility. From there, we identified sections of the park that still had skate value so that we could incorporate them as revamped features, creating a more sustainable design while minimising unnecessary environmental stresses; through this focus we were able to utilise the old skate rink and velodrome track slabs, which added a level of continuity between the historic and modern renditions of the park. The final design included a redesigned and resurfaced bowl, double box jump setup, additional street features and an OG style pool bowl. Transitions were improved throughout the park to maximise flow in-between the various sections; this was important due to the size of the park as we wanted to encourage a broader use of space. Finally, a locally created skatepark resurfacing product (FLOW Resurfacing) was applied and colour coordinated with the nearby stream and surrounding natural environment.

Die Sanierung des Masterton Skateparks war ein Projekt zur Revitalisierung der bestehenden Skatepark-Einrichtung. Dabei identifizierten wir Abschnitte des Parks, die immer noch einen Wert für das Skateboarding hatten, damit wir sie als überarbeitete Merkmale integrieren konnten, um ein nachhaltigeres Design zu schaffen und unnötige Umweltbelastungen zu minimieren. Durch diesen Fokus konnten wir die alten Skatebahn- und Velodrom-Platten verwenden. Das endgültige Design umfasste eine neu gestaltete und überarbeitete Bowl, ein Doppel-Box-Jump-Setup, zusätzliche Straßenmerkmale und eine OG-Stil-Pool-Bowl. Die Übergänge im gesamten Park wurden verbessert, um den Fluss zwischen den verschiedenen Abschnitten zu maximieren. Dies war aufgrund der Größe des Parks wichtig, da wir eine breitere Nutzung des Raums fördern wollten. Abschließend wurde ein lokal hergestelltes Produkt zur Sanierung von Skateparks (FLOW Resurfacing) aufgetragen und farblich auf den nahegelegenen Bach und die umgebende natürliche Umgebung abgestimmt.

Le projet de rénovation du *skatepark* de Masterton avait pour objectif de revitaliser l'installation de *skatepark* existante. À partir de là, nous avons identifié les sections du parc qui conservaient une valeur pour le skateboard afin de les intégrer en tant que fonctionnalités rénovées, créant ainsi une conception plus durable tout en minimisant les contraintes environnementales inutiles. Grâce à cette approche, nous avons pu utiliser les anciennes dalles de la patinoire et de la piste de vélo pour ajouter une continuité entre les versions historiques et modernes du parc. La conception finale comprenait un *bowl* redessiné et resurfacé, un double *box jump*, des éléments supplémentaires de rue et un *bowl* de style OG. Les transitions ont été améliorées dans tout le parc pour maximiser le flux entre les différentes sections, ce qui était important en raison de la taille du parc, car nous voulions encourager une utilisation plus large de l'espace. Enfin, un produit de resurfaçage de skatepark créé localement (*FLOW Resurfacing*) a été appliqué et coordonné en couleur avec le ruisseau voisin et l'environnement environnant.

La renovación del *skatepark* de Masterton fue un proyecto destinado a revitalizar la instalación existente. A partir de ahí, identificamos secciones del parque que aún tenían valor para el *skateboarding* para incorporarlas como características renovadas, creando un diseño más sostenible y minimizando tensiones ambientales innecesarias; a través de este enfoque, pudimos utilizar las losas antiguas de la pista de *skate* y la pista de velódromo, lo que agregó un nivel de continuidad entre las interpretaciones históricas y modernas del parque. El diseño final incluyó un *bowl* rediseñado y re asfaltado, una configuración de doble salto, características adicionales de calle y un *bowl* estilo OG. Se mejoraron las transiciones en todo el parque para maximizar el flujo entre las diferentes secciones; esto fue importante debido al tamaño del parque, ya que queríamos fomentar un uso más amplio del espacio. Por último, se aplicó un producto local de para *skateparks* (*FLOW Resurfacing*) coordinado en color con el arroyo cercano y el entorno natural circundante.

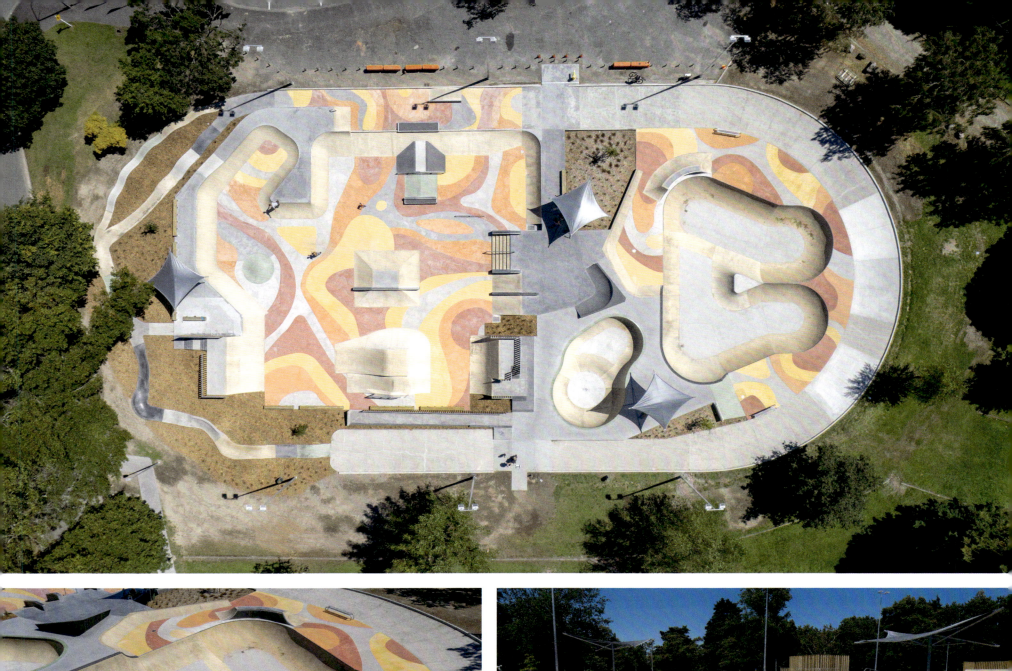

TECHRAMPS
PROFESSIONAL SKATEPARKS

PIOTR NOWAK
CEO Techramps

www.techrampsgroup.com
www.techramps.com

Techramps is a Polish leading company in design and construction of skateparks since 2003, when the company was founded by CEO - Piotr Nowak, a passionate skater who wanted to create high-quality skateparks for the extreme sports community. Since then, Techramps has grown into one of the most experienced and leading producers, with over 1,000 completed projects. What sets Techramps apart is commitment to providing the highest-quality skateparks for skateboarders, BMX riders, and roller skaters. The company has mastered a wide range of construction techniques, from modular skateparks to complex concrete projects. Each of them is treated individually, whole team works closely with clients to understand their needs and requirements. The working team consists of highly qualified designers, welding and production specialists, as well as experts in concrete troweling and shotcreting. With that experience, they are able to deliver projects that are not only functional and safe but also aesthetically pleasing and innovative.

Techramps ist ein führendes polnisches Unternehmen für das Design und den Bau von Skateparks seit 2003, als das Unternehmen vom CEO - Piotr Nowak, einem leidenschaftlichen Skater, gegründet wurde, der hochwertige Skateparks für die Extremsport-Community schaffen wollte. Seitdem ist Techramps zu einem der erfahrensten und führenden Hersteller mit über 1.000 abgeschlossenen Projekten gewachsen. Was Techramps auszeichnet, ist das Engagement für die Bereitstellung von Skateparks höchster Qualität für Skateboarder, BMX-Fahrer und Rollschuhläufer. Das Unternehmen hat eine Vielzahl von Bautechniken beherrscht, von modularen Skateparks bis hin zu komplexen Betonprojekten. Jeder Skatepark wird individuell behandelt, das gesamte Team arbeitet eng mit den Kunden zusammen, um deren Bedürfnisse und Anforderungen zu verstehen. Das Team besteht aus hochqualifizierten Designern, Schweiß- und Produktionsfachleuten sowie Experten für Betonbearbeitung. Mit dieser Erfahrung sind sie in der Lage, Projekte zu realisieren, die nicht nur funktional und sicher sind, sondern auch ästhetisch ansprechend und innovativ.

Techramps est une entreprise polonaise de premier plan dans la conception et la construction de *skateparks* depuis 2003, date de sa fondation par son PDG, Piotr Nowak, un *skater* passionné qui souhaitait créer des *skateparks* de haute qualité pour la communauté des sports extrêmes. Depuis lors, Techramps est devenue l'un des producteurs les plus expérimentés et les plus réputés, avec plus de 1.000 projets réalisés. Ce qui distingue Techramps, c'est son engagement à fournir des *skateparks* de la plus haute qualité pour les *skateboarders*, les *riders* de BMX et les patineurs à roulettes. La société maîtrise un large éventail de techniques de construction, des *skateparks* modulaires aux projets complexes en béton. Chacun d'eux est traité individuellement, toute l'équipe travaille en étroite collaboration avec les clients pour comprendre leurs besoins et exigences. L'équipe de travail est composée de designers hautement qualifiés, de spécialistes de la soudure et de la production, ainsi que d'experts en lissage du béton et en projection de béton. Grâce à cette expérience, ils sont capables de réaliser des projets qui sont non seulement fonctionnels et sûrs, mais aussi esthétiquement plaisants et innovants.

Techramps es una empresa líder en Polonia en diseño y construcción de *skateparks* desde 2003, cuando fue fundada por el CEO Piotr Nowak, un apasionado *skater* que quería crear *skateparks* de alta calidad para la comunidad de deportes extremos. Desde entonces, Techramps se ha convertido en uno de los productores más experimentados y destacados, con más de 1.000 proyectos completados. Lo que distingue a Techramps es su compromiso de proporcionar parques de la más alta calidad para *skaters*, ciclistas de BMX y patinadores. La empresa ha dominado una amplia gama de técnicas de construcción, desde *skateparks* modulares hasta proyectos de hormigón complejos. Cada uno de ellos se trata de forma individual, y todo el equipo trabaja en estrecha colaboración con los clientes para comprender sus necesidades y requisitos. El equipo de trabajo está formado por diseñadores altamente calificados, especialistas en soldadura y producción, así como expertos en enlucido de cemento y proyección de hormigón. Con esa experiencia, son capaces de entregar proyectos que no solo son funcionales y seguros, sino también estéticamente agradables e innovadores.

THE PERFECT FLOW AT A SKATEPARK

SKATEPARK WITH AN UNUSUAL SHAPE!

SKATEPARK IN RZEZAWA

THE PERFECT FLOW AT A SKATEPARK!

Client
Town Hall in Brzeszcze

Structural Engineer
Slo Concept Design Office & Dawid Dobija
– Designer in Techramps

Building Company
Techramps

Area
650 m²

Year
2022

Photos
© Piotr Poręba

Flow in skatepark terminology is the fluidity of the ride, which is the result of a skater performing various tricks in a smooth way. The design of the skatepark in Brzeszcze exemplifies the maximum use of facilitation to achieve a flow ride, by arranging the various obstacles and elements that they create a natural riding path.
A typical flow at a skatepark: the skater starts by performing a trick on one element, and then continues riding in such a way that he moves on to the next ones and performs another trick. Everything is done in a continuous and smooth manner.
Examples of elements on this skatepark that help achieve flow are: banks, boxes, rails, walls. All these elements should be consistent with each other to create a smooth flow.

Flow ist in der Skatepark-Terminologie die Flüssigkeit des Fahrerlebnisses, das das Ergebnis eines Skaters ist, der verschiedene Tricks auf geschmeidige Weise ausführt. Das Design des Skateparks in Brzeszcze verdeutlicht die maximale Nutzung der Erleichterung, um ein fließendes Fahrgefühl zu erreichen, indem die verschiedenen Hindernisse und Elemente so angeordnet werden, dass sie einen natürlichen Fahrweg bilden.
Ein typischer Flow in einem Skatepark: Der Skater beginnt mit einem Trick auf einem Element und fährt dann so weiter, dass er zum nächsten übergeht und einen weiteren Trick ausführt. Alles wird in kontinuierlicher und flüssiger Weise durchgeführt.
Beispiele für Elemente in diesem Skatepark, die zum Flow beitragen, sind Rampen, Boxen, Schienen und Wände. Alle diese Elemente sollten miteinander harmonieren, um einen reibungslosen Flow zu schaffen.

Dans le langage du *skatepark*, le « flow » désigne la fluidité de la conduite, qui est le résultat d'un *skater* exécutant diverses figures de manière fluide. La conception du *skatepark* à Brzeszcze illustre l'utilisation maximale de la facilitation pour obtenir une conduite fluide en disposant les différents obstacles et éléments de manière à créer un chemin de conduite naturel.
Un « flow » typique dans un *skatepark* : le *skater* commence en effectuant une figure sur un élément, puis continue à rouler de manière à passer aux éléments suivants et à effectuer une autre figure. Tout cela est fait de manière continue et fluide.
Les éléments de ce *skatepark* qui contribuent à obtenir une conduite fluide sont les suivants : les rampes inclinées, les modules, les rails et les murs. Tous ces éléments doivent être cohérents les uns avec les autres pour créer un « flow » fluide.

El flujo en la terminología del *skatepark* es la fluidez de la ruta, que es el resultado de un *skater* realizando varios trucos de manera suave. El diseño del *skatepark* en Brzeszcze ejemplifica el uso máximo de la facilitación para lograr un recorrido fluido, mediante la disposición de los diversos obstáculos y elementos que crean un camino de patinaje natural.
Un flujo típico en un *skatepark*: el *skater* comienza realizando un truco en un elemento y luego continúa patinando de tal manera que pasa a los siguientes y realiza otro truco. Todo se hace de manera continua y suave.
Algunos ejemplos de elementos en este *skatepark* que ayudan a lograr el flujo son: rampas inclinadas, cajas, rieles, paredes... Todos estos elementos deben ser consistentes entre sí para crear un flujo suave.

Render

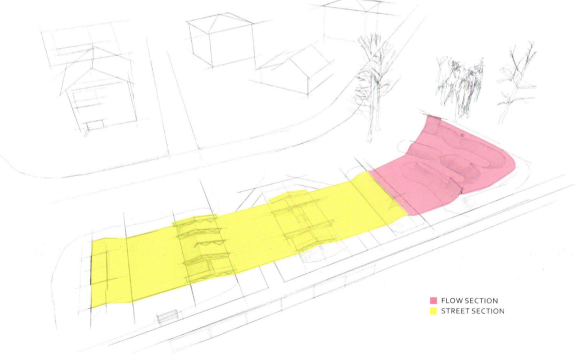

Sketch

■ FLOW SECTION
■ STREET SECTION

SKATEPARK WITH AN UNUSUAL SHAPE!

Client
ZZM in Cracow

Structural Engineer
Slo Concept Design Office & Dawid Dobija
– Senior Designer in Techramps

Building Company
Techramps

Area
510 m²

Year
2022

Photos
© Piotr Godzina, Jakub Klusek

The skatepark in Cracow at Kąpielowa Street was inscribed in a natural slope area and designed in an unusual form, thanks to which we can consider it as an unique solution on the Polish skatepark market.

The skatepark is a combination of the form of snakerun street and snakerun park which is a combination of pumptrack and jumpbox, and snakerun street with 90-degree banks or funbox with handrail.

At the facility, in addition to the classic skatepark form, where you will find, Quarter Pipe + Bank Ramp, Miniramp and Funbox configuration there are two more separate lines leading to the main board.

Der Skatepark in Krakau in der Kąpielowa-Straße wurde in einem natürlichen Hanggebiet errichtet und in einer ungewöhnlichen Form gestaltet, sodass wir ihn als eine einzigartige Lösung auf dem polnischen Skatepark-Markt betrachten können.

Der Skatepark ist eine Kombination aus der Form eines Snakerun Street und Snakerun Park, einer Kombination aus Pumptrack und Jumpbox sowie Snakerun Street mit 90-Grad-Banken oder Funbox mit Handlauf.

Neben der klassischen Skatepark-Form, in der Sie Quarter Pipe + Bank Ramp, Miniramp und Funbox-Konfiguration finden, gibt es zwei separate Linien, die zu den Hauptplatten führen.

Le *skatepark* de Cracovie, situé à la rue Kąpielowa, a été aménagé dans une zone de pente naturelle et conçu sous une forme inhabituelle, ce qui en fait une solution unique sur le marché polonais des *skateparks*.

Le *skatepark* est une combinaison de la forme du *snakerun street* et du *snakerun park*, qui est une combinaison de *pumptrack* et de *jumpbox*, et du *snakerun street* avec des rampes à 90 degrés ou un *funbox* avec des *handrails*.

Outre la forme classique du *skatepark*, où l'on trouve une *Quarter Pipe + Bank Ramp*, une *Miniramp* et une configuration *Funbox*, il y a deux autres lignes séparées menant à la planche principale.

El *skatepark* en Cracovia, en la calle Kąpielowa, está ubicado en una zona de pendiente natural y fue diseñado en una forma inusual, lo que nos permite considerarlo como una solución única en el mercado de *skateparks* de Polonia.

El espacio es una combinación de la forma de *snakerun street* y *snakerun park*, que es una combinación de *pumptrack*, *jumpbox* y *snakerun street* con bancos de 90 grados o funbox con barandilla.

En la instalación, además de la forma clásica del *skatepark*, donde encontrarás una *quarter pipe + bank ramp*, *miniramp* y una configuración de *funbox*, hay otras dos líneas separadas que llevan a la tabla principal.

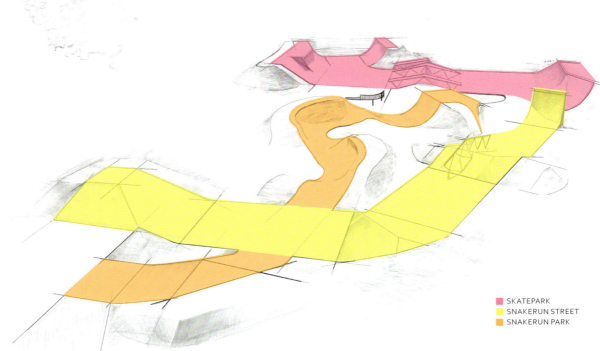

■ SKATEPARK
■ SNAKERUN STREET
■ SNAKERUN PARK

Sketch

Render

SKATEPARK IN RZEZAWA

Client
ALPA CONSULTING Krystyna Gawlik

Structural Engineer
Dawid Dobija – Senior Designer in Techramps

Building Company
Techramps

Area
968 m²

Year
2022

Photos
© Piotr Poręba

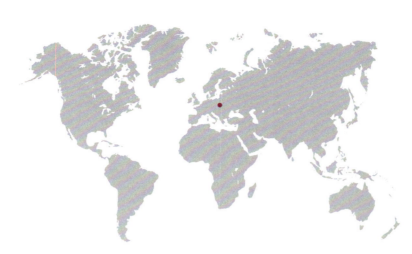

In Rzezawa we made the largest modular skatepark in Poland - as much as 968 m² area and nearly 100 m length!
The skatepark was made with Prestige technology, i.e. covered with waterproof, frost-resistant and non-slip Rampline matting.
At the skatepark, in addition to the flying section, there are huge spin ramps and a concrete funbox.
The modular skatepark includes:
- Rollin + Quarter Pipe
- Spine + Funbox for jumps + Funbox with railing 3/3
- Quarter Pipe+ Bank Ramp + Wall
- Quarter Pipe with mini quarter pipe + Custom Spin Ramp

The skatepark also consists of a concrete section, i.e. Funbox with 1/3 Grindbox + 1/3 Square Handrail + Funbox with stairs + Funbox with disaster box in "Light Concrete" technology.

In Rzezawa haben wir den größten modularen Skatepark in Polen geschaffen - mit einer Fläche von beeindruckenden 968 m² und einer Länge von fast 100 m!
Der Skatepark wurde mit der Prestige-Technologie hergestellt, d. h. mit wasserdichter, frostbeständiger und rutschfester Rampline-Beschichtung.
Neben dem Flugbereich umfasst der modulare Skatepark auch riesige Spin-Ramps und einen Beton-Funbox-Bereich.
Der modulare Skatepark umfasst:
- Rollin + Quarter Pipe
- Spine + Funbox für Sprünge + Funbox mit Geländer 3/3
- Quarter Pipe + Bank Ramp + Wand Quarter Pipe mit Mini-Quarter Pipe + Benutzerdefinierte Spin-Ramp

Der Skatepark besteht auch aus einem Betonbereich, nämlich Funbox mit 1/3 Grindbox + 1/3 Square-Handlauf + Funbox mit Treppen + Funbox mit Disaster-Box in der „Light Concrete"-Technologie.

À Rzezawa, nous avons réalisé le plus grand skatepark modulaire de Pologne, avec une superficie de 968 m² et une longueur de près de 100 m !
Le skatepark a été réalisé avec la technologie Prestige, c'est-à-dire recouvert d'un revêtement en résine Rampline étanche, résistant au gel et antidérapant.
Au skatepark, en plus de la section volante, il y a d'immenses rampes de spin et une funbox en béton.
Le skatepark modulaire comprend :
- Rollin + Quarter Pipe
- *Spine* + *Funbox* pour les sauts + *Funbox* avec rampe 3/3
- *Quarter Pipe* + *Bank Ramp* + *Wall*
- *Quarter Pipe* avec *mini quarter pipe* + *Custom Spin Ramp*

Le *skatepark* comprend également une section en béton, c'est-à-dire un *Funbox* avec *Grindbox* 1/3 + *Square Handrail* 1/3 + *Funbox* avec escaliers + *Funbox* avec *disaster box*, réalisée en technologie « Light Concrete ».

En Rzezawa hemos construido el *skatepark* modular más grande de Polonia, ¡con un área de 968 m² y casi 100 m de longitud!
El *skatepark* se realizó con la tecnología Prestige, es decir, cubierto con un revestimiento Rampline resistente al agua, al hielo y anti deslizante.
En el parque, además de la sección voladora, hay rampas de giro enormes y un funbox de hormigón.
El *skatepark* modular incluye:
- Rollin + Quarter Pipe
- *Spine* + *Funbox* para saltos + *Funbox* con barandilla 3/3
- *Quarter Pipe* + *Bank Ramp* + Pared
- *Quarter Pipe* con *mini quarter pipe* + *Custom Spin Ramp*

El *skatepark* también consta de una sección de hormigón, es decir, *Funbox* con 1/3 *Grindbox* + 1/3 *Square Handrail* + *Funbox* con escaleras + *Funbox* con *disaster box* en tecnología «Light Concrete».

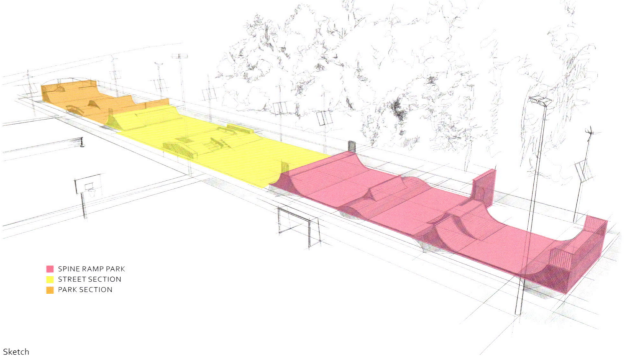

■ SPINE RAMP PARK
■ STREET SECTION
■ PARK SECTION

Sketch

Render

TRANSITION CONSTRUCTION

TRANSITION CONSTRUCTION TEAM

www.transitionconstruction.com

I started working for Transition three years ago. On my first day of shotcrete, I stood back and watched the expressions on the faces of my new coworkers fill with restless excitement. Like fanatics getting their fix, one of them took a big breath in through his nose and exhaled some sort of haggard battle cry toward the pump. As the forms were filled, a chaotic storm of synergistic energy surged through the air, while some sort of bizarre six-man tango began to take place, giving life to a quarter pipe. That afternoon, I saw a love for labor I've never witnessed before that day. These guys were hooked, and so was I.

Colin Dion has put together a team of truly dedicated builders Canada wide. Striving to throw themselves completely into the design and construction of each project. Unwilling to settle for the mediocrity of cookie cutter parks, countless hours are logged coming up with new and interesting ways to push the thing we all love. Skateboarding.

Vor drei Jahren begann ich bei Transition zu arbeiten. An meinem ersten Tag mit Spritzbeton starrte ich auf die Gesichter meiner neuen Kollegen, die voller unruhiger Aufregung waren. Wie Fanatiker auf der Suche nach dem richtigen Schuss atmete einer von ihnen schwer durch die Nase ein und stieß eine Art hageren Kriegsschrei in Richtung Pumpe aus. Als die Strukturen gefüllt waren, wogte ein chaotischer Sturm synergetischer Energie durch die Luft, als eine Art seltsamer Sechser-Tango stattfand, der ein erstes Viertelrohr zum Leben erweckte. An diesem Nachmittag sah ich eine Liebe zur Arbeit, wie ich sie noch nie zuvor erlebt hatte. Diese Jungs waren süchtig, und ich war es auch.

Colin Dion hat ein Team von wirklich engagierten Erbauern zusammengestellt, die sich voll und ganz in das Design und die Konstruktion jedes Projekts stürzen. Da sie sich nicht mit der Mittelmäßigkeit vorgefertigter Parks zufrieden geben können, verbringen sie unzählige Stunden damit, neue und interessante Wege zu finden, um das voranzutreiben, was wir alle lieben: Skateboarding.

J'ai commencé à travailler pour Transition il y a trois ans. Lors de ma première journée de béton projeté, j'ai observé les expressions sur les visages de mes nouveaux collègues, pleins d'excitation. Comme des fanatiques à la recherche de leur dose, l'un d'entre eux inspirait fort par le nez et expirait une sorte de cri de guerre hagard en direction de la pompe. Au fur et à mesure que les structures se remplissaient, une tempête chaotique d'énergie synergique déferlait dans l'air, tandis qu'une sorte d'étrange tango à six commençait à prendre place, donnant vie à un tuyau du premier quart. Cet après-midi-là, j'ai constaté un amour du travail que je n'avais jamais vu auparavant. Ces gars-là étaient accrochés, et je l'étais aussi.

Colin Dion a réuni une équipe de constructeurs vraiment dévoués, qui s'efforcent de se consacrer entièrement à la conception et à la construction de chaque projet. Incapables de se contenter de la médiocrité des parcs préfabriqués, ils passent d'innombrables heures à trouver des moyens nouveaux et intéressants de pousser ce que nous aimons tous : le *skateboard*.

Empecé a trabajar para Transition hace tres años. En mi primer día de hormigón proyectado, me quedé mirando las expresiones de los rostros de mis nuevos compañeros de trabajo, llenos de inquieta excitación. Como fanáticos en busca de su dosis, uno de ellos inspiró fuerte por la nariz y exhaló una especie de grito de guerra demacrado hacia la bomba. A medida que se rellenaban las estructuras, una caótica tormenta de energía sinérgica surcaba el aire, mientras una especie de extraño tango de seis hombres empezaba a tener lugar, dando vida a un primer cuarto de tubo. Aquella tarde vi un amor por el trabajo del que nunca había sido testigo. Estos chicos estaban enganchados, y yo también.

Colin Dion ha reunido un equipo de constructores verdaderamente dedicados, que se esfuerzan por volcarse por completo en el diseño y la construcción de cada proyecto. Incapaces de conformarse con la mediocridad de los parques prefabricados, dedican incontables horas a idear formas nuevas e interesantes de impulsar lo que todos amamos: el monopatín.

MAHON PARK

QUEENS PARK

QUEENS PARK

Client
City of New Westminster

Structural Engineer
space2place

Building Company
Transition Construction Inc.

Area
1,100 m²

Year
2018

Photos
© Rich Odam

Inspired by some of the pioneers of the early Pacific-Northwest parks, most notably Orcas Island. New West has a continuous flow around the outside, that flushes you in towards the center of the park, only to spit you right back out in any direction it chooses. When the park was finally done, there were a couple loud voices complaining that the park would be too advanced for kids. Obviously, that wasn't the case at all. Any given day you can expect to see a gaggle of ripping 12-year-olds who cruise around the park like they drew it up themselves.

Inspiriert von einigen der Pioniere der frühen Parks im pazifischen Nordwesten, vor allem Orcas Island, hat New West einen kontinuierlichen Fluss um die Außenseite, der dich in die Mitte des Parks drängt, nur um dich in jeder anderen Richtung wieder auszuspucken. Als der Park schließlich fertiggestellt wurde, gab es einige Stimmen, die sich beschwerten, dass er für Kinder zu fortschrittlich sei. Offensichtlich war er das ganz und gar nicht. An jedem beliebigen Tag konnte man eine Gruppe ausgelassener 12-Jähriger im Park herumlaufen sehen, als hätten sie ihn sich selbst ausgedacht.

Inspiré par certains des pionniers des premiers parcs du nord-ouest du Pacifique, notamment Orcas Island, New West a un flux continu autour de l'extérieur qui vous pousse vers le centre du parc, pour ensuite vous recracher dans toutes les directions. Lorsque le parc a finalement été achevé, quelques voix se sont élevées pour se plaindre qu'il serait trop avancé pour les enfants. De toute évidence, ce n'est pas du tout le cas. Chaque jour, on peut voir une bande d'enfants de 12 ans enjoués se promener dans le parc comme s'ils l'avaient imaginé eux-mêmes.

Inspirado en algunos de los pioneros de los primeros parques del Pacífico Noroeste, sobre todo Orcas Island, New West tiene un flujo continuo alrededor del exterior que te empuja hacia el centro del parque, para luego escupirte de nuevo en cualquier otra dirección. Cuando por fin se terminó el parque, hubo un par de voces que se quejaban de que sería demasiado avanzado para los niños. Obviamente, no era así en absoluto. Cualquier día puedes ver a una pandilla de alborotadores niños de 12 años que se pasean por el parque como si lo hubieran ideado ellos mismos.

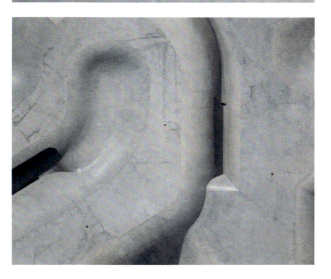
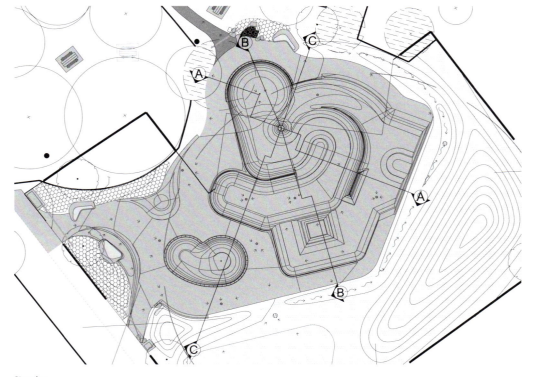

Site plan

MAHON SKATEPARK

Client
City of North Vancouver

Building Company
Transition Construction Inc.

Area
300 m²

Year
2022

Photos
© Brandon Alton

With the scheduled demolition of North Vancouver's Lonsdale skatepark in sight. The city wanted to provide a temporary skate spot. An abandoned pool, filled with concrete, was picked to adorn some prefab ramps for the time being, but with the support from the locals (and some substantial donations from a red dragon) the dreams of a small concrete plaza became a reality. The plan was to build some granite ledges, a flat bar and maybe a quarter on one end. That changed, as more funds came in, and wilder ideas were accepted. The barriers were dropped in, and the faux electrical box was poured. We even decided we wanted to take a kick at doing a stenciled brick bank. That then turned into more slappy curbs. Next thing you know, the kids had a park.
Special shout out to Moses & Chandra! Hopefully one day we can 'crete over those damn pickle ball courts!

Angesichts des drohenden Abrisses des Lonsdale-Skateparks in Nord-Vancouver wollte die Stadt einen vorübergehenden Skateplatz schaffen. Ein verlassenes Schwimmbad, das mit Beton gefüllt war, wurde ausgewählt, um vorerst vorgefertigte Rampen zu schmücken. Doch mit der Unterstützung der Anwohner (und einigen beträchtlichen Spenden von einem „roten Drachen") wurde der Traum von einem kleinen Betonplatz Wirklichkeit. Der Plan war, einige Granitsimse, einen flachen Steg und vielleicht einen Raum an einem Ende zu bauen. Das änderte sich, als mehr Geld hereinkam und wildere Ideen akzeptiert wurden. Die Absperrungen wurden aufgestellt und die elektrische Schalttafel gegossen. Wir beschlossen sogar, eine schablonierte Ziegelsteinbank aufzustellen. Daraus wurden mehr Bordsteine. Und als Nächstes hatten die Kinder einen Spielplatz. Besonderen Dank an Moses und Chandra. Ich hoffe, dass wir eines Tages diese verdammten Pickle-Ball-Plätze ‚einkreiden' können.

Face à la démolition imminente du *skatepark* de Lonsdale à North Vancouver, la ville souhaitait créer un lieu temporaire pour la pratique du *skate*. Une piscine abandonnée, remplie de béton, a été choisie pour orner, pour l'instant, des rampes préfabriquées. Mais avec le soutien des habitants (et quelques dons substantiels d'un « dragon rouge »), le rêve d'une petite place en béton est devenu réalité. Le plan prévoyait la construction de quelques rebords en granit, d'une barre plate et peut-être d'une pièce à l'une des extrémités. Les choses ont changé au fur et à mesure que des fonds supplémentaires sont arrivés et que des idées plus folles ont été acceptées. Les barrières ont été posées et le panneau électrique a été coulé. Nous avons même décidé de faire un banc en briques au pochoir. Cela s'est transformé en bordures de trottoir. Ensuite, les enfants ont eu une aire de jeux.
Un grand merci à Moses et Chandra. J'espère qu'un jour, nous pourrons « créer » ces foutus terrains de *pickle ball*.

Ante la inminente demolición del *skatepark* de Lonsdale, en North Vancouver, la ciudad quiso crear un lugar temporal para patinar. Se eligió una piscina abandonada, llena de hormigón, para adornar, de momento, unas rampas prefabricadas. Pero con el apoyo de los vecinos (y algunas sustanciosas donaciones de un «dragón rojo»), los sueños de una pequeña plaza de hormigón se hicieron realidad. El plan era construir unos salientes de granito, una barra plana y quizá un cuarto en un extremo. Eso cambió, a medida que llegaban más fondos y se aceptaban ideas más descabelladas. Se colocaron las barreras y se vertió el cuadro eléctrico. Incluso decidimos que queríamos hacer un banco de ladrillo estarcido. Eso se convirtió en más bordillos. Lo siguiente: los niños tenían un parque.
Un agradecimiento especial a Moses y Chandra. Espero que algún día podamos «cretear»esas malditas canchas de *pickle ball*.

Site plan

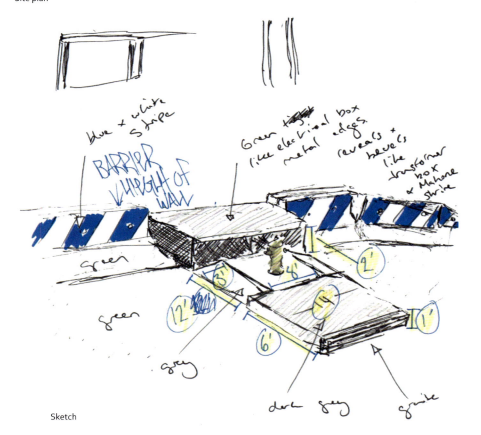

Sketch

TRINITY SKATEPARKS

CLAYTON FARMER
AILA Registered Landscape Architect, Community Engagement and Skate Park Designer

STEVE WINKLER
Skate Park Construction Specialist

www.trinityskateparks.com.au

Trinity Skateparks (TSP) is a full-service Design and Construction Company based on the Sunshine Coast in Queensland, Australia. The company is managed by two Directors (Clayton Farmer and Steve Winkler) and supported by an incredibly skilled and passionate team of skate enthusiasts. TSP offers a wide range of skatepark design and construction options for Councils, Communities and Developers in Australia and beyond. We offer custom designed in-situ Concrete, Precast, and Modular Ramps. Our team builds skateparks that are most suited to our customers desired flow, function, finish, and budget requirements. We approach concrete construction as the most specialised of our work. It's our belief that a concrete skatepark can be a major asset to the make-up of a community and we perceive that the ability to create unique formed obstacles and features is only limited by a community's imagination and available resources. TSP prioritise the design and construction of Skateparks, Pumptracks, Youth Spaces and other Wheeled Facilities.

Trinity Skateparks (TSP) ist ein Full-Service-Design- und Bauunternehmen mit Sitz an der Sunshine Coast in Queensland, Australien. Das Unternehmen wird von zwei Direktoren (Clayton Farmer und Steve Winkler) geleitet und von einem unglaublich fähigen und leidenschaftlichen Team von Skate-Enthusiasten unterstützt. TSP bietet eine breite Palette von Skatepark-Design- und Bauoptionen für Kommunen, Gemeinden und Entwickler in Australien und Übersee. Wir bieten Rampen aus Ortbeton, vorgefertigte und kundenspezifisch entworfene modulare Rampen. Unser Team baut Skateparks, die den Bedürfnissen unserer Kunden in Bezug auf Ablauf, Funktion, Ausführung und Budget am besten entsprechen. Wir betrachten den Betonbau als das Spezialgebiet unserer Arbeit. Wir sind der Meinung, dass ein Skatepark aus Beton einen wichtigen Beitrag zur Gestaltung einer Gemeinde leisten kann, und wir sind der Meinung, dass die Fähigkeit, einzigartige Hindernisse und Formen zu schaffen, nur durch die Vorstellungskraft einer Gemeinde und die verfügbaren Ressourcen begrenzt ist. TSP übernimmt die Planung und den Bau von Skateparks, Pumptracks, Jugendräumen und anderen Sportanlagen auf Rädern.

Trinity Skateparks (TSP) est une société de conception et de construction à basée sur la Sunshine Coast dans le Queensland, en Australie. L'entreprise est dirigée par deux directeurs (Clayton Farmer et Steve Winkler) et est soutenue par une équipe de passionnés de *skate* incroyablement compétents et passionnés. TSP offre une large gamme d'options de conception et de construction de *skateparks* pour les conseils, les communautés et les promoteurs en Australie et à l'étranger. Nous proposons des rampes en béton *in situ*, des rampes préfabriquées et des rampes modulaires conçues sur mesure. Notre équipe construit des *skateparks* qui répondent au mieux aux besoins de nos clients en termes de flux, de fonction, de finition et de budget. Nous considérons la construction en béton comme la plus spécialisée de nos activités. Nous pensons qu'un *skatepark* en béton peut être un atout important pour la composition d'une communauté et nous percevons que la capacité à créer des obstacles et des formes uniques n'est limitée que par l'imagination de la communauté et les ressources disponibles. TSP se charge de la conception et de la construction de *skateparks*, de *pumptracks*, d'espaces pour les jeunes et d'autres installations sportives sur roues.

Trinity Skateparks (TSP) es una empresa de diseño y construcción con sede en la Sunshine Coast en Queensland, Australia. La empresa está dirigida por dos directores (Clayton Farmer y Steve Winkler) y cuenta con el apoyo de un equipo increíblemente cualificado y apasionado de entusiastas del skate. TSP ofrece una amplia gama de opciones de diseño y construcción de *skateparks* para ayuntamientos, comunidades y promotores de Australia y otros países. Ofrecemos rampas de hormigón *in situ*, prefabricadas y modulares diseñadas a medida. Nuestro equipo construye los *skateparks* que mejor se adaptan a las necesidades de flujo, función, acabado y presupuesto de nuestros clientes. Abordamos la construcción en hormigón como el más especializado de nuestros trabajos. Creemos que un *skatepark* de hormigón puede ser un activo importante para la composición de una comunidad y percibimos que la capacidad de crear obstáculos y formas únicas sólo está limitada por la imaginación de una comunidad y los recursos disponibles. TSP se encarga del diseño y construcción de *skateparks*, *pumptracks*, espacios para jóvenes y otras instalaciones para deportes sobre ruedas.

JULIA RESERVE YOUTH PARK

BENTLEY RESERVE SKATEPARK UPGRADE

JULIA RESERVE YOUTH PARK

Client
Landcom and Greenfields Development Company

Structural Engineer
Calibre Engineering

Design Company
JMD design & Convic

Building Company
Trinity Skateparks PTY LTD

Area
Combined Skatepark & Parkour Areas - 2,263 m²

Overall Facility Development - 2 Hectares

Year of Construction
2020

Photos
© Brett Boardman, Trinity Skateparks

Landscape Architectural firm JMD design had been working with Landcom and the Greenfields Development Company since 2007 to deliver the public domain component of Oran Park Town, a suburb in Southwestern Sydney. At the heart of Oran Park Town, and a key part of the Civic Precinct is Julia Reserve Youth Park. The design responds to the need for a flexible, social, active, robust, and vibrant space and that includes areas to 'stop, watch and learn'. The high content and multi-spatial ensemble are stitched together by the highly articulated overhead arbour and framed by significant tree planting and lawns. The arbour structures weave their way through the site. The Park embraces less traditional sport and caters to diverse ages and skill levels. The skate and parkour precincts were constructed by Trinity Skateparks and designed by Others with input from the students of the local Oran Park schools. The parkour training facility is a significant addition to the burgeoning parkour movement within the Sydney region.

Das Landschaftsarchitekturbüro JMD Design arbeitet seit 2007 mit Landcom und der Greenfields Development Company zusammen, um den öffentlichen Raum von Oran Park Town, einem südwestlichen Vorort von Sydney, zu gestalten. Das Herzstück von Oran Park Town ist der Julia Reserve Youth Park. Der Entwurf entspricht dem Bedürfnis nach einem flexiblen, sozialen, aktiven, robusten und lebendigen Raum, der auch Bereiche zum „Innehalten, Beobachten und Lernen" umfasst. Das große inhaltliche und räumliche Ensemble wird durch eine stark gegliederte Laube verbunden und von einer bedeutenden Baum- und Grasbepflanzung eingerahmt. Die Laubenstrukturen sind auf dem gesamten Gelände miteinander verwoben. Der Park bietet Platz für weniger traditionelle Sportarten und richtet sich an verschiedene Alters- und Leistungsstufen. Die Skate- und Parkouranlagen wurden von Trinity Skateparks gebaut und unter Mitwirkung von Schülern der örtlichen Oran Park-Schulen gestaltet. Die Parkour-Trainingseinrichtungen sind ein wichtiger Beitrag zu der aufkeimenden Parkour-Bewegung in der Region Sydney.

Le cabinet d'architecture paysagère JMD Design travaillait depuis 2007 avec Landcom et la Greenfields Development Company pour réaliser la composante du domaine public d'Oran Park Town, une banlieue du sud-ouest de Sydney. Au cœur d'Oran Park Town, se trouve le Julia Reserve Youth Park. La conception répond au besoin d'un espace flexible, social, actif, robuste et vibrant qui comprend des zones pour « s'arrêter, regarder et apprendre ». Le vaste contenu et l'ensemble multi-spatial sont reliés par une tonnelle très articulée et encadrés par d'importantes plantations d'arbres et de gazon. Les structures de la tonnelle sont imbriquées dans l'ensemble du site. Le parc accueille des sports moins traditionnels et s'adresse à un large éventail d'âges et de niveaux de compétence. Les zones de *skate* et de *parkour* ont été construites par Trinity Skateparks et conçues avec l'aide des élèves des écoles locales d'Oran Park. L'installation d'entraînement au *parkour* est une contribution importante au mouvement florissant du parkour dans la région de Sydney.

El estudio de arquitectura paisajística JMD Design llevaba trabajando con Landcom y la Greenfields Development Company desde 2007 para realizar el componente de dominio público de Oran Park Town, un suburbio del suroeste de Sídney. En el corazón de Oran Park Town, se encuentra el Parque Juvenil Julia Reserve. El diseño responde a la necesidad de un espacio flexible, social, activo, robusto y vibrante que incluya zonas para «detenerse, observar y aprender». El gran contenido y el conjunto multi espacial están unidos por un cenador muy articulado y enmarcados por una importante plantación de árboles y césped. Las estructuras del cenador se entretejen a lo largo del recinto. El parque acoge deportes menos tradicionales y atiende a diversas edades y niveles de habilidad. Las zonas de *skate* y *parkour* fueron construidos por Trinity Skateparks y diseñados con las aportaciones de los alumnos de las escuelas locales de Oran Park. Las instalaciones de entrenamiento de *parkour* constituyen una importante aportación al floreciente movimiento de esta modalidad en la región de Sídney.

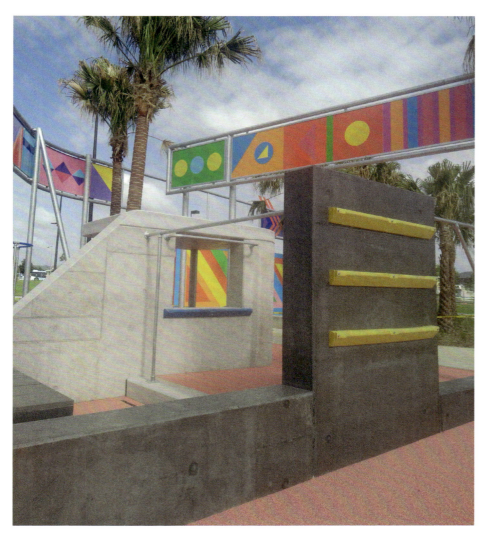

BENTLEY RESERVE SKATEPARK UPGRADE

Client
City of Tea Tree Gully, South Australia

Structural Engineer
CARDNO

Design Company
Trinity Skateparks PTY LTD

Building Company
Trinity Skateparks PTY LTD

Area
Skatepark Area - +/- 600 m²
Overall Facility Development - +/- 900 m²

Year of Construction
2021

Photos
Trinity Skateparks

Trinity Skateparks (TSP) was engaged by the City of Tea Tree Gully to design and build the upgrade of the Bentley Reserve Skatepark. The original snake-run was one of Australia's oldest facilities in the country, dating back to 1976, however due to its age and minimal maintenance, the facility had deteriorated to the point that it was dangerous for riders to continue using. TSP's design team facilitated a consultation with the local community regarding the upgrade of the facility and it was decided to design and rebuild a modern representation of the original facility. The design includes a small circular shaped beginner's bowl at the top of skatepark. The park gradually descends to a larger and deeper bowl at the bottom with a centrally placed mogul feature. Other elements include a small vert wall, diamond shaped kicker to parking block grind and a giant Jersey barrier sitting at one of the entry hips into the large bowl. There are also series of street obstacles like stairs, rails, and ledges off to the side.

Trinity Skateparks (TSP) wurde von der Stadt Tea Tree Gully mit der Planung und dem Bau des verbesserten Bentley Reserve Skateparks beauftragt. Die ursprüngliche Schlangenbahn war eine der ältesten Anlagen des Landes und stammte aus dem Jahr 1976. Aufgrund ihres Alters und der minimalen Wartung war die Anlage jedoch so verfallen, dass es für die Fahrer gefährlich war, sie weiterhin zu benutzen. Das TSP-Designteam beriet sich mit der örtlichen Gemeinde über die Verbesserung der Anlage und beschloss, eine moderne Darstellung der ursprünglichen Anlage zu entwerfen und wieder aufzubauen. Der Entwurf sieht eine kleine runde Bowl für Anfänger am oberen Ende des Skateparks vor. Der Park fällt allmählich zu einem größeren, tieferen Becken im unteren Bereich ab, in dessen Mitte sich eine Buckelpiste befindet. Weitere Elemente sind eine kleine Vert-Wall, ein diamantförmiger Kicker zum Parkplatz und eine riesige Jersey-Barriere, die sich an einem der Eingangships zur großen Bowl befindet. Außerdem gibt es eine Reihe von Fahrwasserhindernissen wie Treppen, Geländer und seitliche Vorsprünge.

Trinity Skateparks (TSP) a été chargé par la ville de Tea Tree Gully de concevoir et de construire la modernisation du *skatepark* de la réserve de Bentley. Le *snake-run* d'origine était l'une des plus anciennes installations du pays, datant de 1976. Cependant, en raison de son âge et d'un entretien minimal, l'installation s'était détériorée au point qu'il était dangereux pour les *riders* de continuer à l'utiliser. L'équipe de conception de TSP a consulté la communauté locale sur l'amélioration de l'installation et il a été décidé de concevoir et de reconstruire une représentation moderne de l'installation d'origine. La conception comprend un petit *bowl* circulaire pour débutants au sommet du *skatepark*. Le parc descend progressivement jusqu'à un *bowl* plus grand et plus profond au fond, avec un bosselé placé au centre. Parmi les autres éléments, on trouve un petit *vert wall*, un *kicker* en forme de diamant vers le parking et une barrière géante en *Jersey* située sur l'une des hanches d'entrée du *grand bowl*. Il y a également un certain nombre d'obstacles sur le *fairway* tels que des escaliers, des rampes et des rebords latéraux.

Trinity Skateparks (TSP) fue contratada por la ciudad de Tea Tree Gully para diseñar y construir la mejora del Bentley Reserve Skatepark. El *snake-run* original era una de las instalaciones más antiguas del país, databa de 1976. Sin embargo, debido a su antigüedad y a un mantenimiento mínimo, la instalación se había deteriorado hasta el punto de que era peligroso para los *riders* seguir utilizándola. El equipo de diseño de TSP llevó a cabo una consulta con la comunidad local sobre la mejora de la instalación y se decidió diseñar y reconstruir una representación moderna de la instalación original. El diseño incluye un pequeño *bowl* circular para principiantes en la parte superior del *skatepark*. El parque desciende gradualmente hasta un *bowl* más grande y profundo en la parte inferior, con un mogul situado en el centro. Otros elementos son un pequeño *vert wall*, un *kicker* en forma de diamante hacia la zona de estacionamiento y una barrera *Jersey* gigante situada en una de las caderas de entrada a la *bowl* grande. También hay una serie de obstáculos de calle como escaleras, barandillas y salientes laterales.

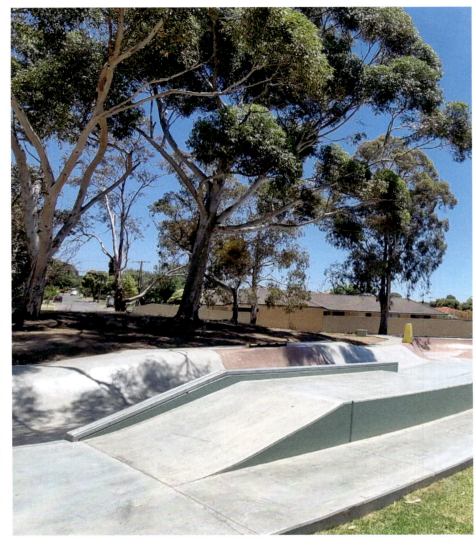

UAOSKATEPARKS

UAOSKATEPARKS TEAM

www.uaoskateparks.it/

UAOSKATEPARKS is a lifetime dream: since 1999 I design and built obstacles and skate them. I started with small wooden ledges and punk bumps, than I built an indoor miniramp with my homies. That miniramp became Whidaw a 120 square meters crazy transition hell: this place was my home for a while and hosts some of the best skateboarder in the world. In the meanwhile the DIY wave breaks in our zone: Boheme DIY was the place in which I became a concrete rider and shaper (also thanks to the Dreamland crew). I dive into each and every DIY project I could: in Italy, in Palestine with the GFF crew, in Jamaica with the CJF crew. In the meanwhile I designed and built parks "alone" from north to south Italy (L'Aquila, Monopoli, Quarto Oggiaro, Aosta), working with any kind of construction company. In Gaza my "one man band" project became a team: back to Italy with Milo we built Arese, than André and Icaro got into UAO with the Zucka Park, than Angi with Whidaw 2 and finally Midjet (that was already very well prepared) and Tommy boarded with the latest wave of public parks we are surfing now (Cosenza, Padova, Terni, Saronno).

UAOSKATEPARKS ist ein Lebenstraum: Seit 1999 entwerfe und baue ich Obstacles und skate auf ihnen. Angefangen habe ich mit kleinen Holzleisten und Punk-Bumps, dann habe ich mit meinen Kumpels eine Mini-Indoor-Rampe gebaut, die zu Whidaw wurde, einer verrückten 120 m² großen Transition-Hölle: Dieser Ort war eine Zeit lang mein Zuhause und beherbergt einige der besten Skater der Welt. In der Zwischenzeit waren es die DIY-Wavebreaks in unserer Gegend: Boheme DIY war der Ort, an dem ich zum Rider und Shaper wurde (auch dank des Dreamland-Teams). Ich tauchte in jedes einzelne DIY-Projekt ein, das mir möglich war: in Italien, in Palästina mit der GFF-Gruppe, in Jamaika mit CJF... In der Zwischenzeit habe ich „Solo"-Parks von Nord- bis Süditalien (L'Aquila, Monopoli, Quarto Oggiaro, Aosta) entworfen und gebaut und dabei mit jeder Art von Baufirma zusammengearbeitet. In Gaza wurde aus meinem Projekt „One Man Band" ein Team. Zurück in Italien haben wir mit Milo Arese gebaut. Dann gingen André und Icaro zu UAO mit Zucka Park. Dan mit Whidaw 2 und schließlich Midjet (das schon sehr gut vorbereitet war) und Tommy stieg mit der letzten Welle öffentlicher Parks ein, auf der wir jetzt surfen (Cosenza, Padova, Terni, Saronno).

UAOSKATEPARKS est le rêve d'une vie : depuis 1999, je conçois et construis des obstacles et je *skate* dessus. J'ai commencé avec des petits rebords en bois et des bosses *punk*, puis j'ai construit une mini rampe intérieure avec mes potes, une mini rampe qui est devenue Whidaw, une transition folle de 120 m² : cet endroit a été ma maison pendant un certain temps et accueille certains des meilleurs *skaters* du monde. Pendant ce temps, les *breaks* DIY de notre région : Boheme DIY a été l'endroit où je suis devenu un *rider* et un *shaper* (également grâce à l'équipe de Dreamland). Je me suis plongé dans tous les projets DIY possibles : en Italie, en Palestine avec le groupe GFF, en Jamaïque avec CJF... Entre-temps, j'ai conçu et construit des parcs « en solo » du nord au sud de l'Italie (L'Aquila, Monopoli, Quarto Oggiaro, Aoste), en travaillant avec toutes sortes d'entreprises de construction. À Gaza, mon projet « One Man Band » est devenu une équipe. De retour en Italie, nous avons construit Arese avec Milo. Puis André et Icaro sont entrés dans l'UAO avec Zucka Park. Puis Angi avec Whidaw 2 et enfin Midjet (qui était déjà très bien préparé) et Tommy sont montés à bord avec la dernière vague de parcs publics sur lesquels nous surfons actuellement (Cosenza, Padova, Terni, Saronno).

UAOSKATEPARKS es el sueño de toda una vida: desde 1999 diseño y construyo obstáculos y patino sobre ellos. Empecé con pequeños salientes de madera y baches *punk*, luego construí una mini rampa *indoor* con mis *homies*, una mini rampa que se convirtió en Whidaw, un loco infierno de transición de 120 m²: este lugar fue mi hogar durante un tiempo y acoge a algunos de los mejores *skaters* del mundo. Mientras tanto, la ola DIY rompe en nuestra zona: Boheme DIY fue el lugar en el que me convertí en *rider* y *shaper* (también gracias al equipo de Dreamland). Me sumergí en todos y cada uno de los proyectos DIY que pude: en Italia, en Palestina con el grupo de GFF, en Jamaica con CJF... Mientras tanto, diseñé y construí parques «solo» de norte a sur de Italia (L'Aquila, Monopoli, Quarto Oggiaro, Aosta), trabajando con cualquier tipo de empresa constructora. En Gaza mi proyecto «One Man Band» se convirtió en un equipo. De vuelta a Italia, con Milo construimos Arese. Luego André e Icaro se metieron en UAO con el Parque Zucka. Después Angi con Whidaw 2 y finalmente Midjet (que ya estaba muy bien preparado) y Tommy se embarcó con la última ola de parques públicos que estamos surfeando ahora (Cosenza, Padova, Terni, Saronno).

ZUCKA PARK

MAURANE FRATY SKATEPARK

ZUCKA PARK

Client
City of Carmignano di Brenta

Structural Engineer
Studio Bettinardi

Building Companies
UAOSKATEPARKS, Carrozzeria Conzato S.R.L. and Mironi Lavori Elettrici di Mironi Davide

Area
800 m²

Year
2020

Photos
© Enrico Rizzato and André Lucat, drone Leonardo Bettinardi

Carmignano di Brenta has always been a main spot in Italy: the Zucka Park (wood and metal) was there from 1998 till 2010, when they were evicted by the local priest. For many years the "Zucka VS everybody" has been one of the biggest contest in Italy. One day in 2018 Fabietto called me and said: "We convinced the municipality, you have to design a skatepark for Carmignano and we want you to build it". In one year we develop a big design together with the Zucka crew: they wanted something that could mix a very complete street selection with a serious "flowing-tranny area". We enter the building site in the end of 2019: the main contractor was a local concrete plant enterprise, the UAO crew was hired for the first time with a full subcontracting agreement (our first "real" job) and the Zucka crew was in the building site as well doing the entire metal capentery, helping us with the concrete job and finishing the park with all the detailing works.

Carmignano di Brenta war schon immer einer der wichtigsten Orte in Italien: der Zucka-Park (Holz und Metall) war dort von 1998 bis 2010, als sie vom örtlichen Pfarrer vertrieben wurden. Seit vielen Jahren ist der „Zucka VS everybody" einer der größten Wettbewerbe in Italien. Eines Tages im Jahr 2018 rief mich Fabietto an und sagte: „Wir haben die Gemeinde überzeugt, du sollst einen Skatepark für Carmignano entwerfen und wir wollen, dass du ihn baust." Innerhalb eines Jahres haben wir zusammen mit den Leuten von Zucka ein tolles Design entwickelt: Sie wollten etwas, das eine sehr vollständige Straßenauswahl mit einer ernsthaften „Flowing-Transe-Zone" mischen konnte. Ende 2019 gingen wir auf die Baustelle: Der Hauptauftragnehmer war ein lokales Betonmischwerkunternehmen. Das UAO-Team wurde zum ersten Mal mit einem vollständigen Subunternehmervertrag beauftragt (unser erster ‚echter' Auftrag) und das Zucka-Team war ebenfalls vor Ort, um alle Metallarbeiten auszuführen, uns bei den Betonarbeiten zu helfen und den Park mit allen Detailarbeiten fertigzustellen.

Carmignano di Brenta a toujours été l'un des lieux prisés en Italie : le parc Zucka (bois et métal) s'y est installé de 1998 à 2010, date à laquelle il a été expulsé par le prêtre local. Pendant de nombreuses années, la compétition « Zucka VS everybody » a été l'une des plus importantes d'Italie. Un jour de 2018, Fabietto m'a appelé et m'a dit : « Nous avons convaincu la municipalité, vous devez concevoir un *skatepark* pour Carmignano et nous voulons que vous le construisiez ». En l'espace d'un an, nous avons développé un super design avec les gens de Zucka : ils voulaient quelque chose qui puisse mélanger une sélection de rues très complète avec une sérieuse « flowing-tranny zone ». Nous nous sommes rendus sur place à la fin de l'année 2019 : le maître d'œuvre était une entreprise locale de centrales à béton. L'équipe de l'UAO a été engagée pour la première fois avec un contrat de sous-traitance complet (notre premier « vrai » travail) et l'équipe de Zucka était également sur place pour faire toute la métallerie, nous aider avec les travaux de béton et terminer le parc avec tous les travaux de détail.

Carmignano di Brenta siempre ha sido uno de los principales lugares de Italia: el parque Zucka (madera y metal) estuvo allí desde 1998 hasta 2010, cuando fueron desalojados por el cura local. Durante muchos años el «Zucka VS todo el mundo» ha sido uno de los mayores concursos de Italia. Un día de 2018 Fabietto me llamó y me dijo: «Hemos convencido al municipio, tienes que diseñar un *skatepark* para Carmignano y queremos que lo construyas». En un año desarrollamos un gran diseño junto con la gente de Zucka: querían algo que pudiera mezclar una selección de calles muy completa con una seria «zona de *flowing-tranny*». Entramos en la obra a finales de 2019: el contratista principal fue una empresa local de plantas de hormigón. El equipo de UAO fue contratado por primera vez con un acuerdo de subcontratación completo (nuestro primer trabajo «real») y el equipo de Zucka también estuvo en la obra haciendo toda la carpintería metálica, ayudándonos con el trabajo de hormigón y terminando el parque con todos los trabajos de detalle.

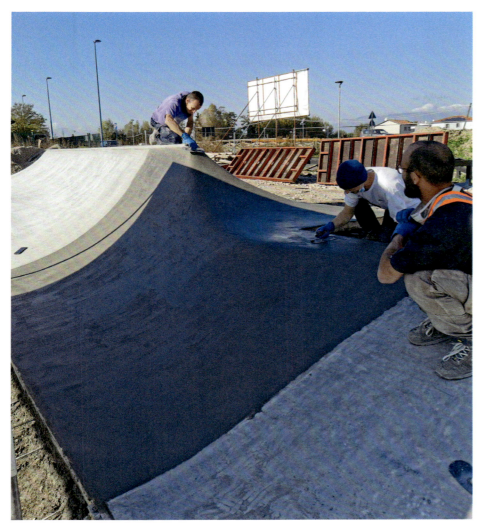

MAURANE FRATY SKATEPARK

Clients
Red Blue Eagles hooligans, San Gregorio rinasce Onlus, City of L'Aquila

Building Companies
UAOSKATEPARKS,
Barone costruzioni S.R.L.,
Cody Lockwood

Area
700 m²

Year
2015

Photos
© Christian "Osde" Benzoni and others

Five after the great earthquake that devastate the city of L'Aquila the local football hooligans collect 50.000 euros to build something that could help the people to "reborn" after the tragedy. My nickname brother "blatta" (Paolo Olivieri) contacted me in 2014 to help them save the situation: the risk to see yet another concrete blasphemy was right around the corner. So with my homie Marko Dukic we develop a design proposal and very soon I was driving towards L'Aquila with Paolo Coppini. I also decided that we would have need somebody who has really face a concrete building site: Cody Lockwood, that was host for a short while few months before, was working with Dreamland, so I sent him a mail and got him in the project. We lived together in "Case matte" a squat born after the earthquake that amazingly welcomed us for more than two months. The 4 of us (Blatta/Coppo/Cody/me) did the entire job with the great help of a 3 macedonian common builders crew. The result is one of the first flow-skatepark in Italy.

Fünf Jahre nach dem Erdbeben, das die Stadt L'Aquila verwüstet hat, sammeln lokale Fußball-Hooligans 50.000 Euro, um etwas zu bauen, das den Menschen helfen kann, nach der Tragödie „wiedergeboren" zu werden. Mein Bruder mit dem Spitznamen „blatta" (Paolo Olivieri) kontaktierte mich 2014, um ihnen bei der Rettung der Situation zu helfen: Das Risiko einer weiteren konkreten Blasphemie stand vor der Tür. Zusammen mit meinem Kollegen Marko Dukic entwickelten wir einen Designvorschlag, und schon bald fuhr ich mit Paolo Coppini nach L'Aquila. Ich beschloss auch, dass wir jemanden brauchen würden, der wirklich ein konkretes Werk in Angriff nehmen würde: Cody Lockwood, arbeitete mit Dreamland, also schickte ich ihm eine E-Mail und holte ihn in das Projekt. Wir wohnten zusammen in „Case Matte", einem nach dem Erdbeben entstandenen besetzten Haus, das uns überraschenderweise über zwei Monate lang beherbergte. Wir vier (Blatta/Coppo/Cody/ich) haben die gesamte Arbeit mit der großen Hilfe von drei mazedonischen Bauarbeitern erledigt. Das Ergebnis ist einer der ersten Flow-Skateparks in Italien.

Cinq ans après le tremblement de terre qui a dévasté la ville de L'Aquila, des *hooligans* locaux collectent 50 000 euros pour construire quelque chose qui puisse aider les gens à « renaître » après la tragédie. Mon frère surnommé « blatta » (Paolo Olivieri) m'a contacté en 2014 pour les aider à sauver la situation : le risque de voir un autre blasphème concret était à portée de main. Avec mon collègue Marko Dukic, nous avons donc élaboré une proposition de conception et, très vite, je me suis rendu à L'Aquila en voiture avec Paolo Coppini. J'ai également décidé que nous aurions besoin de quelqu'un qui s'attaquerait vraiment à un travail concret : Cody Lockwood, qui avait séjourné quelques mois plus tôt, travaillait avec Dreamland, alors je lui ai envoyé un courriel et je l'ai intégré au projet. Nous avons vécu ensemble dans « Case Matte », un *squat* né après le tremblement de terre qui nous a étonnamment accueillis pendant plus de deux mois. Nous avons tous les quatre (Blatta/Coppo/Cody/moi) fait tout le travail avec l'aide précieuse de trois constructeurs macédoniens. Le résultat est l'un des premiers *flow-skatepark* en Italie».

Cinco años después del gran terremoto que devastó la ciudad de L'Aquila, los *hooligans* del fútbol local recaudan 50.000 euros para construir algo que pueda ayudar a la gente a «renacer» después de la tragedia. Mi apodado hermano «blatta» (Paolo Olivieri) se puso en contacto conmigo en 2014 para ayudarles a salvar la situación: el riesgo de ver otra blasfemia de hormigón estaba a la vuelta de la esquina. Así que con mi colega Marko Dukic desarrollamos una propuesta de diseño y muy pronto estaba conduciendo hacia L'Aquila con Paolo Coppini. También decidí que necesitaríamos a alguien que se enfrentara de verdad a una obra concreta: Cody Lockwood, que había estado alojado unos meses antes, trabajaba con Dreamland, así que le envié un correo y le metí en el proyecto. Vivimos juntos en «Case Matte», una casa ocupada nacida tras el terremoto que sorprendentemente nos acogió durante más de dos meses. Los cuatro (Blatta/Coppo/Cody/yo) hicimos todo el trabajo con la gran ayuda de tres constructores macedonios. El resultado es uno de los primeros *flow-skatepark* en Italia.

URBANUM-DESIGN
SKATEPARK DESIGN & ARCHITEKTUR

CHRISTOPH WEISS

FARID LANDHAUS

www.urbanum-design.de

As architectural designers in Berlin, we are specialised in professional skatepark planning and visualisation. We are passionate about urban lifestyle and want our projects to contribute to making cities more liveable and active.

The planning office Urbanum-Design is located in the heart of Berlin in Friedrichshain. Our projects are characterised by quality and safety in planning and are appreciated both by skaters and the cities in which they are built.

In addition to specialised planning in structural engineering and landscape design, we also offer the creation of visualisations. With the help of 3D models and renderings, we can give the client a realistic impression of the planned city park. In this way, skateboarders as well as city officials have the opportunity to get an overall picture of the future project.

Our team combines the knowledge of architecture, building services and landscaping and together we focus in the planning and construction of skateparks and urban meeting areas.

Als Architektur-Gestalter aus Berlin sind wir auf die Fachplanung von Skateparks und die Erstellung von Visualisierungen spezialisiert. Unsere Leidenschaft gilt dem urbanen Lebensstil, daher möchten wir mit unseren Projekten dazu beitragen, die Städte lebenswerter und aktiver zu gestalten.

Das Planungsbüro Urbanum-Design befindet sich im Herzen von Berlin in Friedrichshain. Unsere Projekte zeichnen sich durch Qualität und Sicherheit in der Planung aus und werden von Skatern und Städten gleichermaßen geschätzt.

Neben der Fachplanung für Hochbau und Landschaftsplanung bieten wir auch die Erstellung von Visualisierungen an. Mithilfe von 3D-Modellen und Renderings können wir dem Kunden einen realitätsnahen Eindruck von der geplanten Stadtparkanlage vermitteln. So haben sowohl Skater als auch kommunale Entscheidungsträger die Möglichkeit, sich ein umfassendes Bild von dem zukünftigen Projekt zu machen.

Unser Team besteht, bündelt das Wissen der Architektur, Gebäudetechnik und Landschaftsarchitektur und hat sich gemeinsam auf die Planung und Realisierung von Skateparks und urbanen Begegnungsflächen spezialisiert.

En tant que concepteurs architecturaux à Berlin, nous sommes spécialisés dans la planification et la visualisation de *skateparcs* professionnels. Nous sommes passionnés par le mode de vie urbain et souhaitons que nos projets contribuent à rendre les villes plus vivables et plus actives.

Le bureau de planification Urbanum-Design est situé au cœur de Berlin, à Friedrichshain. Nos projets se caractérisent par la qualité et la sécurité de leur planification et sont appréciés à la fois par les *skaters* et par les villes dans lesquelles ils sont construits.

Outre la planification spécialisée en ingénierie structurelle et en aménagement paysager, nous proposons également la création de visualisations. À l'aide de modèles et de rendus en 3D, nous pouvons donner au client une impression réaliste du parc urbain prévu. De cette manière, les skateurs et les fonctionnaires de la ville ont la possibilité de se faire une idée d'ensemble du futur projet.

Notre équipe combine les connaissances de l'architecture, des services de construction et de l'aménagement paysager. Ensemble, nous nous spécialisons dans la planification et la réalisation de *skateparks* et de zones de rencontre urbaines.

Como diseñadores arquitectónicos de Berlín, estamos especializados en la planificación profesional de parques de *skate* y la creación de visualizaciones. Nos apasiona el estilo de vida urbano, por lo que queremos que nuestros proyectos contribuyan a hacer las ciudades más habitables y activas.

La oficina de planificación Urbanum-Design está situada en el corazón de Berlín, en Friedrichshain. Nuestros proyectos se caracterizan por la calidad y la seguridad en la planificación y son apreciados tanto por los patinadores como por las ciudades en las que se construyen.

Además de la planificación especializada en ingeniería estructural y planificación paisajística, también ofrecemos la creación de visualizaciones. Con ayuda de modelos 3D y renderizados, podemos dar al cliente una impresión realista del parque urbano proyectado. De este modo, tanto los patinadores como los responsables municipales tienen la oportunidad de hacerse una idea global del futuro proyecto.

Nuestro equipo combina los conocimientos de arquitectura, servicios de construcción y paisajismo y juntos nos especializamos en la planificación y realización de *skateparks* y zonas de encuentro urbanas.

SKATEPARK RIESA MERZDORF

SKATEPARK LAPPERSDORF

INGOLSTADT / SKATE-BOW

SKATEPARK RIESA MERZDORF

Client
City of Riesa

Building Company
GoodCrete

Area
650 m²

Year
2021

Photos
© Urbanum–Design

When planning the Merzdorfer Straße project, Urbanum-Design placed special emphasis on the skatepark meeting the needs of the skaters. The wishes and suggestions of the skate club "Hot Wheels" Riesa e.V. were carefully considered in order to create a facility that meets the needs and requirements of the users. Attention was also paid to the design of the surrounding landscape to create a satisfactory connection between the rink and the green areas.

The result is both functionally and aesthetically convincing and has become a popular meeting point for skaters. Next to the rink there is also a space for beach volleyball and a ping-pong table to encourage sportsmanship. Street art walls with graffiti serve as noise protection and artistic accents. Sitting and lounging areas, bicycle racks and a chillout corner offer the opportunity to relax and hang out.

Urbanum-Design aus Berlin hat bei der Planung des Skateparks an der Merzdorfer Straße besonderen Wert daraufgelegt, dass der Skatepark den Bedürfnissen der Skaterinnen und Skater entsprechen. Hierbei wurden die Wünsche und Anregungen des Skate Vereins „Hot Wheels" Riesa e.V. eng einbezogen, um eine Anlage zu schaffen, die den Bedürfnissen und Ansprüchen der Nutzerinnen und Nutzer gerecht wird. Ein weiteres Augenmerk wurde auf die Gestaltung der umgebenden Landschaft gelegt, um eine gelungene Verbindung zwischen Skateanlage und Grünflächen zu schaffen.

Das Ergebnis ist ein Skatepark, der sowohl funktional als auch ästhetisch überzeugt und zu einem beliebten Treffpunkt für Skaterinnen und Skater geworden ist. In Angrenzung befinden sich auch ein Beachvolleyballfeld und eine Tischtennisplatte, um den Sportsgeist zu fördern. Graffiti-Street-Art-Wände dienen als Lärmschutz und setzen künstlerische Akzente. Sitz- und Ruhebereiche, Fahrradständer und eine Chill-Ecke bieten die Möglichkeit zum Entspannen und Verweilen.

Lors de la planification du projet Merzdorfer Straße, Urbanum-Design a mis l'accent sur le fait que le *skatepark* devait répondre aux besoins des skateurs. Les souhaits et les suggestions du club de *skate* « Hot Wheels » Riesa e.V. ont été soigneusement pris en compte afin de créer une installation qui réponde aux besoins et aux exigences des utilisateurs. L'aménagement du paysage environnant a également fait l'objet d'une attention particulière afin de créer une connexion réussie entre la patinoire et les espaces verts.

Le résultat est à la fois fonctionnel et esthétiquement convaincant et est devenu un point de rencontre populaire pour les patineurs. À côté de la patinoire, on trouve également un espace pour le beach-volley et une table de ping-pong afin d'encourager l'esprit sportif. Des murs d'art urbain avec des graffitis servent de protection contre le bruit et d'accents artistiques. Des espaces pour s'asseoir et se détendre, des porte-vélos et un coin « chill-out » offrent la possibilité de se relaxer et de se détendre.

En la planificación del proyecto de la Merzdorfer Straße, Urbanum-Design puso especial énfasis en que el *skatepark* respondiera a las necesidades de los patinadores. Se tuvieron muy en cuenta los deseos y sugerencias del club de *skate* «Hot Wheels» Riesa e.V. para crear una instalación que respondiera a las necesidades y exigencias de los usuarios. También se prestó atención al diseño del paisaje circundante para crear una conexión satisfactoria entre la pista y las zonas verdes.

El resultado convence tanto funcional como estéticamente y se ha convertido en un popular punto de encuentro para los patinadores. Junto a la pista hay también una espacio para practicar el vóley-playa y una mesa de ping-pong para fomentar la deportividad. Los muros de arte callejero con grafitis sirven de protección contra el ruido y ponen acentos artísticos. Zonas para sentarse y descansar, aparca-bicicletas y un rincón *chillout* ofrecen la oportunidad de relajarse y pasar el rato.

Site plan

Floor plan

SKATEPARK LAPPERSDORF

Client
City of Lappersdorf

Building Company
GoodCrete

Area
400 m²

Year
2020

Photos
© Urbanum–Design

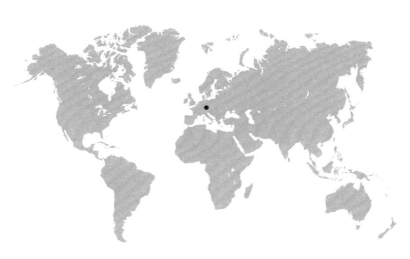

The skatepark, located in the centre of Lappersdorf next to the river "Regen", stretches for about 25 m and is thematically oriented towards street skating in the architectural structure. The skating facility was built in autumn 2020 and opened on December 1, 2020. This design allows for a wide variety of possibilities. The central obstacle presents its own challenge.
Unlike some conventional skateparks, both the beginner and the advanced skater will have fun in this planned space that includes ramps with their own specification. In this way, the skatepark provides a challenge for inexperienced and professional skaters, unites various user groups and thus has the potential of an intergenerational meeting place.
The accessibility of the skatepark was always taken into account in the planning.

Der Skatepark erstreckt sich auf rund 25 m Länge und orientiert sich thematisch am Street skaten im architektonischen Gefüge. Der Skatepark liegt in Lappersdorf Mitte neben dem Fluss „Regen". Die Skateanlage wurde im Herbst 2020 erbaut und am 1. Dezember 2020 eröffnet. Dieser Entwurf lässt eine große Variation an Möglichkeiten zu. Das zentrale Obstacle stellt eine eigene Challenge dar.
Im Unterschied zu einigen konventionellen Skateparks hat bei diesem geplanten Skatepark sowohl der Anfänger als auch der fortgeschrittene Skater Spaß. Zudem sind in dem Skatepark Rampen geplant, die so eine eigene Spezifikation erhalten. Der Skatepark ist somit eine Herausforderung für Ungeübte und Profis, vereint mehrere Nutzergruppen und hat somit das Potenzial eines generationsübergreifenden Treffpunktes.
Die Barrierefreiheit des Skateparks wurde bei der Planung konsequent berücksichtigt.

Le *skatepark*, situé au centre de Lappersdorf à côté de la rivière « Regen », s'étend sur environ 25 m et est orienté thématiquement vers le patinage de rue dans la structure architecturale. Le *skatepark* a été construit à l'automne 2020 et a été inauguré le 1er décembre 2020. Cette conception permet une grande variété de possibilités. L'obstacle central présente son propre défi.
Contrairement à certains *skateparcs* conventionnels, le débutant et le skateur avancé s'amuseront dans ce *skateparc* planifié qui comprend des rampes avec leur propre spécification. Ainsi, le *skatepark* constitue un défi pour les patineurs inexpérimentés et professionnels, réunit différents groupes d'utilisateurs et a donc le potentiel d'un lieu de rencontre intergénérationnel.
L'accessibilité du *skatepark* a toujours été prise en compte dans la planification.

El *skatepark*, situado en el centro de Lappersdorf, junto al río «Regen», se extiende a lo largo de unos 25 m y está orientado temáticamente hacia el patinaje callejero en la estructura arquitectónica. La instalación de patinaje se construyó en otoño de 2020 y se inauguró el 1 de diciembre de ese mismo año. Este diseño permite una amplia variedad de posibilidades. El obstáculo central representa su propio reto.
A diferencia de algunos parques de patinaje convencionales, tanto el patinador principiante como el avanzado se divertirán en este parque de patinaje planificado que incluye rampas con su propia especificación. De este modo, el *skatepark* supone un reto para patinadores inexpertos y profesionales, une a varios grupos de usuarios y tiene así el potencial de un lugar de encuentro inter generacional.
La accesibilidad del *skatepark* se tuvo siempre en cuenta en la planificación.

INGOLSTADT / SKATE-BOWL

Client
City of Ingolstadt

Building Company
GoodCrete

Area
200 m²

Year
2021

Photos
© Urbanum–Design

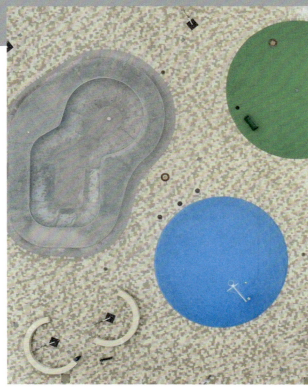

The location of the new skate bowl was located between a youth centre and two schools. With a surface area of 20 × 13 m and a depth of 1.20 m to 1.60 m, it was perfectly integrated into a multifunctional outdoor area with table tennis, football and basketball areas. The court can be used interactively. The place is not only intended to serve as an anchorage point for the children of this social focus. Together with the adjacent State Garden Showground, it makes the district more attractive for the whole family.

The square is located in the city of Ingolstadt, south of Furtwängler Straße, between August-Horch-Gymnasium. Grasser Platz is an important component of the route axis from the Piusviertel district via Hans-Stuck-Strasse to the site of the State Garden Show.

The "Grasser Platz" project created a place for integration, learning and communication to replace the Pius youth club, the "Piustreff" in Waldeysenstraße, which was in need of renovation.

Der Standort der neuen Skate-Bowl wurde zwischen einem Jugendzentrum und zwei Schulen integriert. Der Bowl mit seiner Fahrfläche von 20 × 13 Metern und einer Tiefe von 1,20 m bis 1,60 m wurde nahtlos in einen multifunktionalen Außenbereich mit Tischtennis-, Fußball- und Basketballbereich integriert. So kann die Bowl interaktiv genutzt werden. Der Ort soll nicht nur den Kindern dieses sozialen Brennpunktes als Ankerpunkt dienen. Zusammen mit dem angrenzenden Landesgartenschau-Gelände macht er den Stadtteil für die ganze Familie attraktiver.

Der Platz befindet sich in der Stadt Ingolstadt südlich der Furtwängler Straße zwischen August-Horch-Gymnasium. Der Grasser Platz ist ein wichtiger Baustein für die Wegeachse aus dem Piusviertel über die Hans-Stuck-Straße in das Landesgartenschau-Gelände.

Für den Ersatzneubau des sanierungsbedürftigen Jugendtreffs Pius, dem „Piustreff" an der Waldeysenstraße wurde durch das Projekt „Grasser Platz" ein Ort der Integration, des Lernens und der Kommunikation geschaffen.

L'emplacement du nouveau *skate bowl* est situé entre un centre de jeunesse et deux écoles. Avec une surface de 20×13 m et une profondeur de 1,20 m à 1,60 m, il a été parfaitement intégré dans un espace extérieur multifonctionnel comprenant des aires de tennis de table, de *football* et de *basket-ball*. Ainsi, le terrain peut être utilisé de manière interactive. L'endroit n'est pas seulement destiné à servir de point d'ancrage pour les enfants de ce centre social. Avec le State Garden Showground adjacent, il rend le quartier plus attrayant pour toute la famille.

La place est située dans la ville d'Ingolstadt, au sud de la Furtwängler Straße, entre August-Horch-Gymnasium. La Grasser Platz est un élément important de l'itinéraire menant du quartier de Piusviertel au site de l'exposition nationale de jardins, en passant par la Hans-Stuck-Strasse.

Le projet « Grasser Platz » a permis de créer un lieu d'intégration, d'apprentissage et de communication pour remplacer le club de jeunes Pius, le « Piustreff » dans la Waldeysenstraße, qui avait besoin d'être rénové.

La ubicación del nuevo *skate bowl* se localizó entre un centro juvenil y dos colegios. Con una superficie de 20×13 m. y una profundidad de 1,20 m a 1,60 m, se integró perfectamente en una zona exterior multifuncional con áreas de ping-pong, fútbol y baloncesto. Así, la pista puede utilizarse de forma interactiva. El lugar no sólo pretende servir de punto de anclaje para los niños de este foco social. Junto con el recinto adyacente del State Garden Show, hace que el distrito resulte más atractivo para toda la familia.

La plaza está situada en la ciudad de Ingolstadt, al sur de la Furtwängler Straße, entre August-Horch-Gymnasium. La Grasser Platz es un componente importante del eje de la ruta que va desde el distrito de Piusviertel, pasando por la Hans-Stuck-Strasse, hasta el recinto de la Exposición Estatal de Jardinería.

El proyecto «Grasser Platz» creó un lugar de integración, aprendizaje y comunicación para sustituir al club juvenil Pius, el «Piustreff» de la Waldeysenstraße, que necesitaba de una renovación.

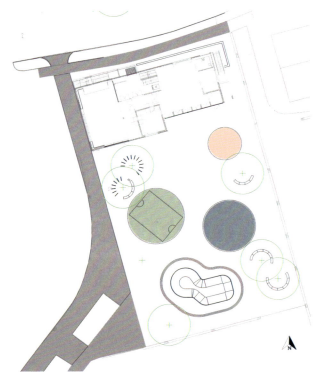

Floor plan

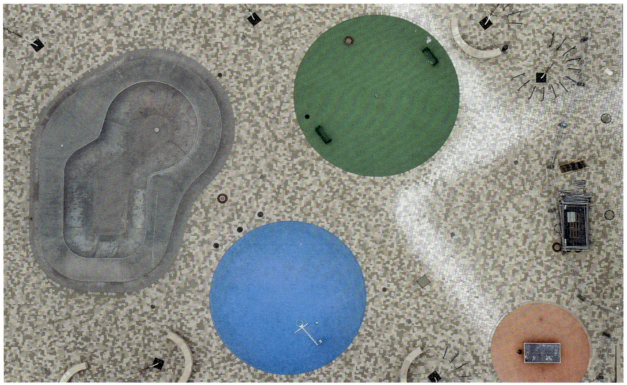

VULCANO SKATEPARKS

GIANNI MELLONI
Ceo & Founder

LUKA MELLONI
Ceo & Founder

www.vulcanoskateparks.com

Five years ago, Vulcano was born from Congife S.L., a civil engineering company owned by Gianni Melloni. Together with his son Luka, product engineer, Congife started building indoor ramp installations. We have grown into a team of engineers, industrial designers and concrete craftsmen based in Barcelona, Spain, carrying out international projects for both the public administration and the private sector.

Vulcano took shape when it attracted to its team skateboarders like the Sentfields, creators of the Spotter, or the protagonists of the Caribú, both internationally renowned DIY projects from Barcelona. The experiences and values of these DIYs are part of our wealth, our essence and our will. Also the technical solvency that we have been able to develop during these years of experience building skateparks (added to the more than 30 years that Gianni had in construction), make us a tremendously productive and efficient company.

We are also experienced skateboarders and we know how to translate the needs and bring understanding to all projects.

GURB

VIELHA

GURB

Client
Council Gurb

Building Company
Vulcano Skateparks

Design
Vulcano Skateparks

Area
650 m²

Year
2022

Gurb is a village located in the plain of Vic, in the centre of Catalonia, Spain. The skatepark was designed with the aim of creating different flow zones and skate spaces of different types. The central island helps to classify the zones into four. The Street zone, flat, the flow zone, the Street zone with levels and the mini-ramp zone, which are joined and fit together perfectly.

The city council was advised by the Catalan Skating Federation to choose the company that best met their needs: their decision was the right one. Thanks to JM Surf and Roll (Pol Miró), the company chosen to develop both the design and construction of the Gurb Skatepark was Vulcano Skateparks. The aim of the collaboration of these companies is to create state-of-the-art parks in places that until now have been out of the reach of companies at the forefront of this industry. The details and the care with which the project is carried out speak for themselves.

Gurb ist ein Dorf in der Ebene von Vic, im Zentrum von Katalonien. Der Skatepark wurde mit dem Ziel entworfen, verschiedene Flow-Zonen und Skate-Räume unterschiedlicher Art zu schaffen. Die zentrale Insel hilft dabei, die Zonen in vier zu unterteilen. Die flache Street-Zone, die Flow-Zone, die Street-Zone mit Ebenen und die Mini-Ramp-Zone, die miteinander verbunden sind und perfekt zusammenpassen.

Auf Anraten des katalanischen Eislaufverbands wählte die Stadtverwaltung das Unternehmen aus, das ihren Anforderungen am besten entsprach: ihre Entscheidung war richtig. Dank JM Surf and Roll (Pol Miró) wurde das Unternehmen Vulcano Skateparks ausgewählt, um sowohl das Design als auch den Bau des Gurb Skateparks zu entwickeln. Ziel der Zusammenarbeit dieser Unternehmen ist es, hochmoderne Parks an Orten zu errichten, die für die führenden Unternehmen der Branche bisher unerreichbar waren. Die Details und die Sorgfalt, mit der das Projekt durchgeführt wird, sprechen für sich.

Gurb est un village situé dans la plaine de Vic, au centre de la Catalogne. Le *skatepark* a été conçu dans le but de créer différentes zones de flux et des espaces de *skate* de différents types. L'îlot central permet de classer les zones en quatre. La Street zone, plate, la *flow* zone, la *Street* zone à niveaux et la mini-rampe zone, qui se rejoignent et s'emboîtent parfaitement.

La Fédération catalane de patinage a conseillé à la municipalité de choisir l'entreprise qui répondait le mieux à ses besoins : sa décision a été la bonne. Grâce à JM Surf and Roll (Pol Miró), l'entreprise choisie pour développer la conception et la construction du *skatepark* de Gurb a été Vulcano Skateparks. L'objectif de la collaboration de ces entreprises est de créer des parcs de pointe dans des endroits qui, jusqu'à présent, étaient hors de portée des entreprises à l'avant-garde de ce secteur. Les détails et le soin apporté à la réalisation du projet parlent d'eux-mêmes.

Gurb es un pueblo situado en la plana de Vic, en el centro de Catalunya. El *skatepark* de Gurb fue diseñado con el objetivo de crear diferentes zonas de *flow* y espacios de *skate* de diferente tipo. La isla central ayuda a clasificar las zonas en 4. La zona de Street en plano, la zona de *flow*, la zona de Street con niveles y la zona de *mini-ramp*. Y en su conjunto se unen y encajan a la perfección.

El ayuntamiento fue asesorado por la Federación Catalana de Patinaje para poder escoger la empresa que cubriese mejor sus necesidades, y la verdad que su decisión fue acertada. Gracias a JM Surf and Roll (Pol Miró), la empresa escogida para desarrollar tanto el diseño como la construcción del *Skatepark* de Gurb fue Vulcano Skateparks. El objetivo de la colaboración de dichas compañías es crear *skateparks* de última generación en lugares que hasta ahora han estado fuera del alcance de compañías a la vanguardia de esta industria. Los detalles y el mimo con el que está realizado el proyecto hablan por si solos y dan ganas de patinar y disfrutar del espacio y del lugar.

VIELHA

Client
Council Vielha

Building Company
Vulcano Skateparks

Design
Vulcano Skateparks

Area
750 m²

Year
2022

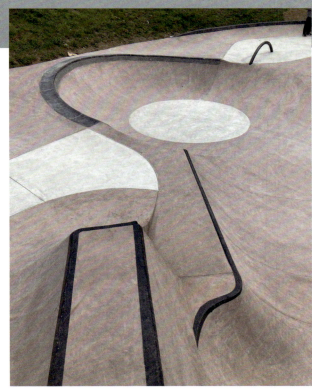

After several years of requests from local users, the city council put out to tender an obsolete, old and unfunny project. Vulcano Skateparks won the tender and we re-designed the space respecting measurements and measurements so that it could be better adapted to the space and the current needs. We re-designed the shapes and the original project to make a new project in charge of Luka Melloni. This new project was re-designed in-situ by Richi Larios to give functionality and freshness to the new space.
The result was a versatile skatepark, easy to skate but at the same time complete and fun, which allows an experienced skateboarder to get the most out of his knowledge while a beginner can get started.
Surrounded by benches and green slopes perfect for sitting and enjoying the show, it is a space in the shape of an amphitheater that invites you to be a spectator.

Nach mehreren Jahren der Anfragen von lokalen Nutzern hat die Stadtverwaltung ein veraltetes, altes und unlustiges Projekt ausgeschrieben. Vulcano Skateparks hat die Ausschreibung gewonnen und wir haben den Platz unter Berücksichtigung der Maße und Abmessungen neu gestaltet, damit er besser an den Platz und die aktuellen Bedürfnisse angepasst werden kann.
Wir haben die Formen und das ursprüngliche Projekt überarbeitet, um ein neues Projekt unter der Leitung von Luka Melloni zu erstellen. Dieses neue Projekt wurde von Richi Larios vor Ort umgestaltet, um dem neuen Raum Funktionalität und Frische zu verleihen.
Das Ergebnis ist ein vielseitiger Skatepark, der leicht zu befahren ist, aber gleichzeitig vollständig und unterhaltsam ist, so dass ein erfahrener Skateboarder seine Kenntnisse voll ausschöpfen kann, während ein Anfänger seine ersten Schritte machen kann.
Umgeben von Bänken und grünen Hängen, die zum Sitzen und Genießen der Show einladen, ist es ein Raum in Form eines Amphitheaters, der zum Zuschauen einlädt.

Après plusieurs années de demandes de la part des utilisateurs locaux, la mairie a mis au concours un projet obsolète, vieux et peu amusant. Vulcano Skateparks a remporté l'appel d'offre et nous avons redessiné l'espace en respectant les mesures pour qu'il soit mieux adapté à l'espace et aux besoins actuels.
Les formes et le projet original ont été redéfinis et un nouveau projet a été créé par Luka Melloni. Ce nouveau projet a été redessiné in situ par Richi Larios pour donner fonctionnalité et fraîcheur au nouvel espace.
Le résultat est un *skatepark* polyvalent, facile à skater mais en même temps complet et amusant, qui permet à un *skateboarder* expérimenté de tirer le meilleur parti de ses connaissances tandis qu'un débutant peut s'initier.
Entouré de bancs et de pentes vertes parfaites pour s'asseoir et profiter du spectacle, c'est un espace en forme d'amphithéâtre qui vous invite à être spectateur.

Después de varios años de peticiones por parte de los usuarios locales, el ayuntamiento sacó a licitación un proyecto obsoleto, antiguo y sin gracia. Vulcano Skateparks ganó el concurso y rediseñamos el espacio respetando mediciones y medidas para que se pudiera adaptar mejor al espacio y a las necesidades actuales.
Se re-diseñaron las formas y el proyecto original para realizar un proyecto nuevo (por parte de Luka Melloni) y este nuevo proyecto fue rediseñado *in-situ* por Richi Larios para acabar de dar funcionalidad y frescor al nuevo proyecto.
El resultado fue un *skatepark* versátil, fácil de patinar pero a la vez completo y divertido, que hace que un *skater* experimentado pueda exprimir sus conocimientos y también que un novel pueda aprender desde cero.
Es un espacio en forma de anfiteatro que invita a ser espectador y está rodeado de bancos y taludes verdes perfectos para sentarse y disfrutar del espectáculo.

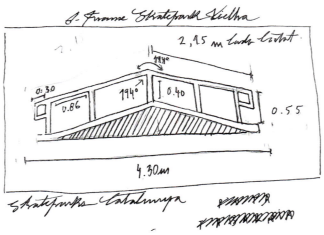

Sketch

Floor plan

YAMATO LIVING RAMPS

YAMATO LIVING RAMPS TEAM

www.yamatoramps.de

Founding a company that could build really good skateparks was originally just a dream. Frustrated by the uninspired, useless, monotonous public facilities, we had retreated to industrial wastelands or backyards to make our own ideas come true. Early on, a group of people formed in this DIY environment who were willing to invest most of their time and energy in the joint development of skate ramp ideas: Everything became subordinate to further expansion. And at some point, the dream of making a company out of all this nonsense was suddenly no longer so far away.

Many years later, most of the original crew is still with us, great people have joined us, and a bunch of DIY enthusiasts has become a master craftsman's business with its own machines, standard wages and a company pension scheme.

We still put our heart and soul into skateboarding and stand for quality of workmanship and detail.

Eine Firma zu gründen, die wirklich gute Skateparks bauen kann, war ursprünglich nur ein Traum. Frustriert von den uninspirierten, monotonen öffentlichen Anlagen hatten wir uns auf Industrie-Brachen oder in Hinterhöfe zurückgezogen, um dort eigene Ideen wahr werden zu lassen. In diesem DIY-Umfeld fand eine Gruppe von Menschen zusammen, die Willens war, den Großteil ihrer Zeit und Energie für den gemeinsamen Ausbau von Skate-Rampen-Ideen einzusetzen. Zukunftsplanungen und Lebenswege fanden neue Koordinaten – und der Traum einer Firma war plötzlich nicht weit weg.

Viele Jahre später ist der Großteil der ursprünglichen Crew noch immer dabei, großartige Menschen sind dazugestoßen, und aus einem Haufen DIY-Enthusiasten ist ein Meisterbetrieb mit eigenen Maschinen, Tariflöhnen und betrieblicher Altersvorsorge geworden.

Wir arbeiten dabei noch immer mit Herzblut für Skateboarding und stehen für Ausführungsqualität und Details. Und natürlich supporten wir DIY-Projekte, wo immer es geht.

Fonder une entreprise capable de construire de très bons *skateparks* n'était au départ qu'un rêve. Frustrés par le manque d'inspiration et la monotonie des installations publiques, nous nous sommes retirés dans des friches industrielles ou des arrière-cours pour réaliser nos propres idées. C'est dans cet environnement que s'est constitué un groupe de personnes prêtes à consacrer la majeure partie de leur temps et de leur énergie à développer ensemble des idées de rampes de *skate*. Les projets d'avenir et les parcours de vie ont trouvé de nouvelles coordonnées et, soudain, le rêve d'une entreprise n'était plus très loin.

De nombreuses années plus tard, la plupart des membres de l'équipe d'origine sont toujours avec nous, nous avons été rejoints par des personnes formidables, et un groupe de bricoleurs enthousiastes s'est transformé en une entreprise de maîtres artisans avec leurs propres machines, des salaires normaux et un plan de retraite d'entreprise.

Nous restons dévoués au *skateboard* et défendons la qualité du travail et du détail. Et, bien sûr, nous soutenons les projets de bricolage dans la mesure du possible.

Fundar una empresa que pudiera construir *skateparks* realmente buenos era al principio sólo un sueño. Frustrados por las poco inspiradas y monótonas instalaciones públicas, nos habíamos retirado a descampados industriales o patios traseros para hacer realidad nuestras propias ideas. En este entorno se reunió un grupo de personas dispuestas a dedicar la mayor parte de su tiempo y energía a desarrollar juntos ideas para rampas de *skate*. Los planes de futuro y las trayectorias vitales encontraron nuevas coordenadas y, de repente, el sueño de una empresa no estaba muy lejos.

Muchos años después, la mayor parte del equipo original sigue con nosotros, se nos ha unido gente estupenda, y un grupo de entusiastas del bricolaje se ha convertido en una empresa de maestros artesanos con sus propias máquinas, salarios estándar y plan de pensiones de empresa.

Seguimos dedicándonos en cuerpo y alma al monopatín y defendemos la calidad de la mano de obra y el detalle. Y, por supuesto, apoyamos los proyectos de bricolaje siempre que sea posible.

LEIPZIG GRÜNAU

CHARONNE SKATEPARK

LEIPZIG GRÜNAU

Client
City of Leipzig

Project Design
GFSL

Building Companies
Yamato Living Ramps, Endboss

Area
2,600 m²

Year
2021

Photos
© Sebastian Adam, Sk8Nau, Christian Petzold, Julian Schreiber

In 2600 m², the basic principles developed by the GFSL office in Leipzig were to be combined into an overall concept. The aim of the design, made in collaboration with Endboss, Hannover, was not to fall back on standard shapes and floor plans that were too large despite the available space.
A particular challenge was the district heating pipe that crosses underneath the facility, which had to be exposed at short notice in the event of an accident, and was therefore covered with polished screed. The resulting lines divide the area and were used in the south for a separate street section, which also has its own ambience due to the existing embankment.
The Flow, Street, Plaza and Bowl sections function on their own, but can also be used to connect them. Many tricks and details offer new possibilities even after many visits.

Auf 2600m² sollten die vom Büro GFSL, Leipzig erarbeiten Grundlagen zu einem Gesamtkonzept vereint werden. Ziel des in Kooperation mit endboss, Hannover entstandenen Designs war es, trotz der vorhandenen Fläche nicht in Standardformen und zu ausladenden Flächenaufteilungen abzudriften.
Eine besondere Herausforderung war die unter der Anlage kreuzende Fernwärmeleitung, die im Havariefall innerhalb kurzer Zeit freilegbar sein musste und somit mit geschliffenem Pflaster belegt wurde. Die entstandene Linienführung unterteilt die Fläche und wurde im Süden für eine separate Street-section genutzt, die durch die vorhandene Böschung auch eine eigene Atmosphäre besitzt.
Die Bereiche Flow, Street, Plaza und Bowl funktionieren in sich, können jedoch auch verbindendend gefahren werden. Viele Spielereien und Details bieten neue Möglichkeiten auch nach vielen Besuchen.

Sur 2600 m², les principes de base développés par le bureau GFSL de Leipzig devaient être combinés en un concept global. L'objectif de la conception, réalisée en collaboration avec Endboss, Hanovre, était de ne pas tomber dans des formes standard et des plans d'étage trop grands malgré l'espace disponible.
Un défi particulier était la conduite de chauffage urbain qui passe sous l'installation, qui devait être exposée à court terme en cas d'accident, et qui a donc été recouverte d'une chape polie. Les lignes qui en résultent divisent la zone et ont été utilisées au sud pour une section de rue séparée, qui a également sa propre ambiance en raison du talus existant.
Les sections *Flow*, *Street*, *Plaza* et *Bowl* fonctionnent de manière autonome, mais peuvent également être utilisées pour les relier. De nombreux détails et astuces offrent de nouvelles possibilités, même après de nombreuses visites.

En 2600 m², los principios básicos desarrollados por la oficina GFSL de Leipzig debían combinarse en un concepto global. El objetivo del diseño, realizado en colaboración con Endboss, Hannover, era no caer en formas estándar y planos de planta demasiado amplios a pesar del espacio disponible.
Un reto especial fue la tubería de calefacción urbana que cruza por debajo de las instalaciones, que debía quedar al descubierto en poco tiempo en caso de accidente, por lo que se cubrió con pavimento pulido. Las líneas resultantes dividen la zona y se utilizaron en el sur para una sección de calle independiente, que también tiene su propio ambiente debido al terraplén existente.
Las secciones *Flow*, *Street*, Plaza y *Bowl* funcionan por sí mismas, pero también pueden utilizarse para conectarlas. Muchos trucos y detalles ofrecen nuevas posibilidades incluso después de muchas visitas.

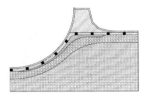
A1 section

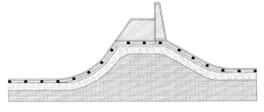
A2 section

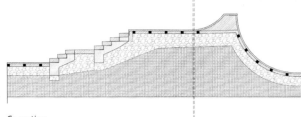
C1 section

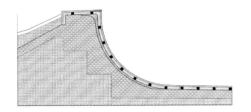
A3 section

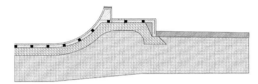
B2 section

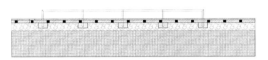
C2 section

D1 section

B1 section

D2 section

D3 section

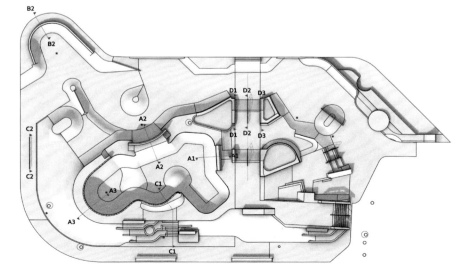
Floor plan

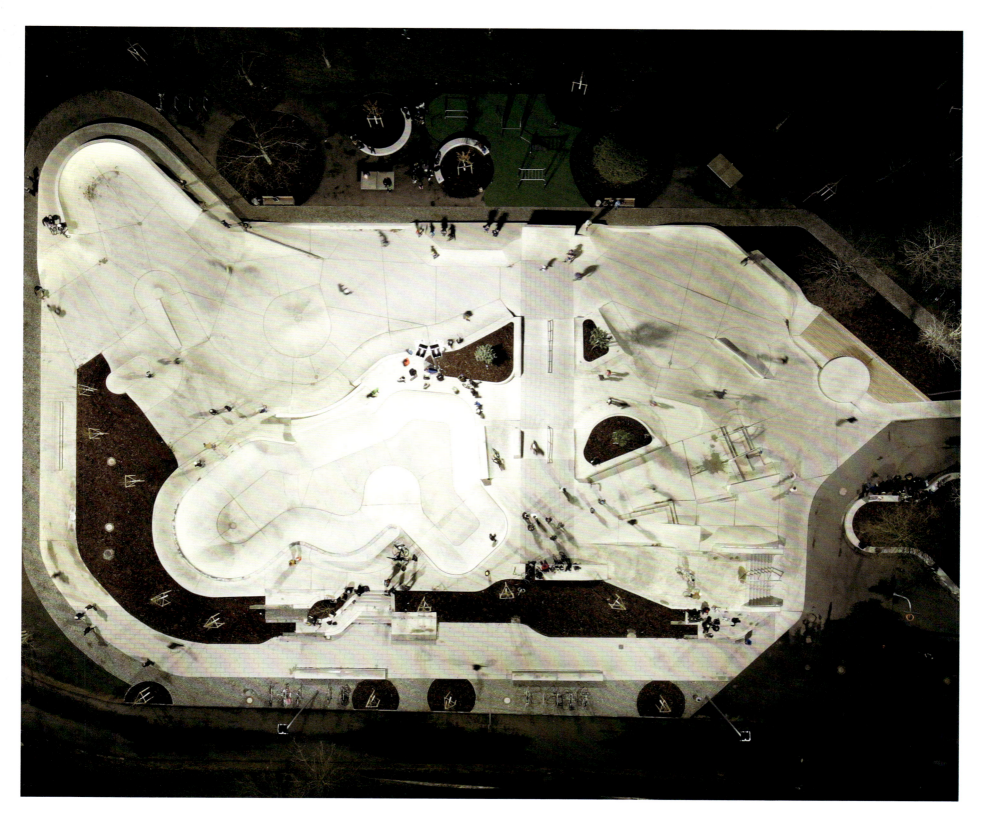

CHARONNE SKATEPARK

Client
Adidas

Building Companies
Yamato Living Ramps, Endboss

Area
400 m²

Year
2019

Photos
© Thibualt Lenours

The Skatepark of Charonne was created as a public-private partnership between the city of Paris and Adidas and was produced by 19-93, Cologne.
The densely built-up city centre of Paris does not offer space for large-scale parks, so a facility had to be created in the smallest possible space that nevertheless offered a high degree of different possibilities.
The design, created in collaboration with the Hannover-based Endboss office, aims for a variety of uses that stand on their own in the smallest of spaces, but can be combined quickly and with well thought-out routes through good flow.

Der Charonne Skatepark entstand als Private-Public-Partnership zwischen der Stadt Paris und Adidas und wurde von 19-93, Köln produziert.
Die dicht bebaute Pariser Innenstadt bietet keine Flächen für groß angelegte Parks, sodass auf kleinstem Raum eine Anlage erschaffen werden sollte, die dennoch ein hohes Maß an unterschiedlichen Möglichkeiten bietet.
Das Design, entstanden in Kooperation mit dem Büro endboss, Hannover, zielt auf vielfältige Nutzungsvariationen ab, die auf engstem Raum für sich alleinstehen, aber dennoch schnell und mit durchdachten Fahrwegen durch guten Flow kombinierbar sind.

Le *Skatepark* de Charonne a été créé dans le cadre d'un partenariat public-privé entre la ville de Paris et Adidas et a été produit par 19-93, Cologne.
Le centre ville dense de Paris n'offre pas d'espace pour des parcs à grande échelle. Il a donc fallu créer une installation dans un espace aussi réduit que possible, tout en offrant un grand nombre de possibilités différentes.
La conception, réalisée en collaboration avec le bureau Endboss basé à Hanovre, vise à offrir une variété d'utilisations qui se suffisent à elles-mêmes dans le plus petit des espaces, mais qui peuvent être combinées rapidement et avec des itinéraires bien pensés grâce à une bonne fluidité.

El *Skatepark* de Charonne se creó como una colaboración público-privada entre la ciudad de París y Adidas y fue producido por 19-93, Colonia.
El centro de la ciudad de París, densamente urbanizado, no ofrece espacio para parques a gran escala, por lo que había que crear una instalación en el menor espacio posible que, sin embargo, ofreciera un alto grado de posibilidades diferentes.
El diseño, creado en colaboración con la oficina Endboss, de Hannover, tiene como objetivo una variedad de usos que se sostengan por sí solos en el más pequeño de los espacios, pero que puedan combinarse rápidamente y con recorridos bien pensados a través de una buena fluidez.